Internal Audit Practices and
Cases in Administrative and Public
Institutions

行政事业单位
内部审计实务与案例

主　编　曹文莉　冯海燕
副主编　党江艳　常　莹　齐红波

中国财经出版传媒集团

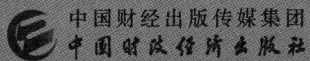

中国财政经济出版社

图书在版编目（CIP）数据

行政事业单位内部审计实务与案例／曹文莉，冯海燕主编．－－北京：中国财政经济出版社，2021.12（2023.5重印）
ISBN 978－7－5223－0881－4

Ⅰ．①行… Ⅱ．①曹…②冯… Ⅲ．①行政事业单位－内部审计－研究－中国 Ⅳ．①F239.66

中国版本图书馆CIP数据核字（2021）第221360号

责任编辑：潘　飞　　　　　责任印制：史大鹏
封面设计：卜建辰　　　　　责任校对：胡永立

行政事业单位内部审计实务与案例
XINGZHENG SHIYE DANWEI NEIBU SHENJI SHIWU YU ANLI

中国财政经济出版社 出版

URL：http：//www.cfeph.cn
E－mail：cfeph@cfeph.cn

（版权所有　翻印必究）

社址：北京市海淀区阜成路甲28号　邮政编码：100142
营销中心电话：010－88191522
天猫网店：中国财政经济出版社旗舰店
网址：https：//zgczjjcbs.tmall.com
北京时捷印刷有限公司印刷　各地新华书店经销
成品尺寸：170mm×240mm　16开　18印张　242 000字
2022年1月第1版　2023年5月北京第2次印刷
定价：68.00元
ISBN 978－7－5223－0881－4
（图书出现印装问题，本社负责调换，电话：010－88190548）
本社质量投诉电话：010－88190744
打击盗版举报热线：010－88191661　QQ：2242791300

本书编委会

主　　编：曹文莉　冯海燕
副 主 编：党江艳　常　莹　齐红波
编委成员：（按照姓氏笔画排序）
　　　　　王　烁　仝永刚　师　宏　张　静
　　　　　黄书娟　隋春侠　谢红梅

　　新的历史时期，内部审计工作应以习近平新时代中国特色社会主义思想为指导，立足于新发展阶段、新发展理念以及新发展格局，适应新时代经济社会方方面面高质量发展要求，提高政治站位，围绕中心，服务大局，充分发挥内部审计在推进国家治理体系和治理能力现代化建设中的重要作用，为单位的高质量发展保驾护航。

　　行政事业单位是我国国家机构的重要组成部分，肩负着贯彻和执行国家政策、维护社会公共利益的责任。随着我国内外部环境的变化，政府职能也在不断发生转变，国家经济体制和政治体制改革进入深水区，逐步走向完善。内部审计作为促进单位治理体系和治理能力现代化建设的重要手段，对行政事业单位的改革发展起着重要的长效作用。

　　目前，行政事业单位内部审计工作开展时间较短，遇到的困难和问题较多；有关内部审计流程化、规范化指导的书籍欠缺；内部审计实务工作者迫切需要相关业务指导为其工作提供必要服务。为较好地解决上述问题，更好地发挥会计领军服务经济社会、提升管理人员水平的作用，我们组织了来自行政单位、高等院校、医疗卫生、中介机构的陕西省行政事业类会计领军人才10余名，编写了《行政事业单位内部审计实务与案例》一书。其中，编写团队超半数人员从事行政事业单位内部审计工作，为确保本书的编写质量以及实用性打下了坚实基础。

本书以行政事业单位为对象，根据 2018 年中央审计委员会第一次会议精神，按照《审计署关于内部审计工作的规定》（审计署令第 11 号），结合实际工作，从理论及实践两个方面对行政事业单位的内部审计进行系统性构建。全书共十五章，"审计实务及案例"是核心内容，与时俱进地选择了体现新时代行政事业单位内部审计特征的典型业务进行介绍，通过案例教学方式，对各类内部审计的典型业务进行由浅入深、理论联系实际的详细讲解。案例抓住关键环节和风险要点，分析审计工作存在的隐患，给出切实可行的建议，真正为行政事业单位规范开展内部审计提供专业指导。

本书内容呈现以下突出特点：

（1）系统性。在《审计署关于内部审计工作的规定》《内部审计基本准则》《内部审计具体准则》的框架下，对内部审计的概念、实施、管理、技术方法等理论知识进行了系统梳理，对内部审计业务知识学习和工作开展具有很好的指导意义。

（2）前瞻性。当前，国家对审计监督要求提高，行政事业单位内部审计开展过程中遇到的困难和问题较多，本书从内部审计基本理论的阐述到聚焦行政事业单位内部审计的特点、难点以及焦点，进行了深入的探索，为行政事业单位内部审计的有效开展提供必要的参考，具有一定的前瞻性。

（3）专业性。本书的编写人员全部为陕西省会计领军人才，分别来自行政单位、高等院校、医院等不同领域和行业部门，理论功底深厚、实践经验丰富，拥有较强的专业水平。

（4）实用性。本书在"审计实务及案例"部分，列出了日常工作中的大量实务案例，并进行讲解，对开展行政事业单位内部审计工作起到参考和借鉴作用，具有较强的实用性。

在本书编写过程中，我们得到了陕西省审计厅和财政厅领导的指导和支持，得到了陕西领军智豪财务咨询有限责任公司的大力协助，得到了各位作者所在单位的鼎力帮助，在此一并表示感谢！

本书是对行政事业内部审计具体实践工作的梳理、归纳和总结，但由于作者水平有限，不足和疏漏之处在所难免，恳请广大读者批评指正，以便继续完善。

编者

2021 年 8 月

目录

第一篇　理论篇

第一章　绪论 ································· 3
第一节　内部审计概念 ······················ 3
第二节　内部审计工作职责 ·················· 5
第三节　内部审计发展及演变 ················ 7
第四节　内部审计法律规范 ················· 10

第二章　内部审计实施 ························ 13
第一节　中长期审计规划 ··················· 13
第二节　年度内部审计计划 ················· 18
第三节　内部审计具体实施 ················· 20

第三章　内部审计管理 ························ 26
第一节　内部审计机构管理 ················· 26
第二节　内部审计项目管理 ················· 31
第三节　内部审计质量控制 ················· 36
第四节　内部审计风险管理 ················· 45

第五节　内部审计业务外包管理 …………………………………… 47

第六节　内部审计档案管理 ………………………………………… 52

第四章　内部审计技术及方法 ………………………………………… 54

第一节　概述 ………………………………………………………… 54

第二节　审计抽样 …………………………………………………… 66

第三节　计算机审计 ………………………………………………… 71

第四节　分析程序 …………………………………………………… 74

第五章　行政事业单位内部审计特点 ………………………………… 78

第一节　行政事业单位内部审计与外部审计比较 ………………… 78

第二节　行政事业单位内部审计与企业内部审计比较 …………… 86

第三节　行政事业单位内部审计机构及人员 ……………………… 88

第六章　行政事业单位内部审计实施 ………………………………… 94

第一节　行政事业单位内部审计目标 ……………………………… 94

第二节　行政事业单位内部审计策略 ……………………………… 96

第三节　行政事业单位内部审计程序 ……………………………… 100

第二篇　实务篇

第七章　落实国家重大政策措施情况审计 …………………………… 111

第一节　概述 ………………………………………………………… 111

第二节　审计案例及分析 …………………………………………… 114

第八章　单位发展战略及规划审计 …………………………………… 120

第一节　概述 ………………………………………………………… 120

第二节　审计案例及分析 …………………………………………… 121

第九章　风险识别及内部控制审计 ……………………………… 131
第一节　概述 ……………………………………………… 131
第二节　审计评价案例及分析 …………………………… 134

第十章　绩效审计 ………………………………………………… 146
第一节　概述 ……………………………………………… 146
第二节　审计程序 ………………………………………… 150
第三节　有关评价指标分类及案例分析 ………………… 155

第十一章　经济责任审计 ………………………………………… 175
第一节　概述 ……………………………………………… 175
第二节　审计内容 ………………………………………… 179
第三节　审计案例及分析 ………………………………… 184

第十二章　固定资产投资审计 …………………………………… 197
第一节　概述 ……………………………………………… 197
第二节　审计要点 ………………………………………… 202
第三节　审计案例及分析 ………………………………… 217

第十三章　合同审计 ……………………………………………… 227
第一节　概述 ……………………………………………… 227
第二节　审计风险点 ……………………………………… 233
第三节　审计案例及分析 ………………………………… 239

第十四章　财务收支审计 ………………………………………… 244
第一节　概述 ……………………………………………… 244
第二节　审计案例及分析 ………………………………… 248

第十五章 专项审计调查 …………………………………… 256

第一节 概述 ………………………………………………… 256
第二节 专项审计调查相关业务 …………………………… 260
第三节 专项审计调查案例及分析 ………………………… 264

参考文献 …………………………………………………………… 273

第一篇

理论篇

第一章 绪 论

第一节 内部审计概念

关于内部审计的概念，在不同的发展阶段，理论界有不同的表述，实务界也有不同的认识。

一、国际内部审计师协会对内部审计的定义

国际内部审计师协会（IAA）自1941年成立以来对内部审计的定义进行了多次修订，记录了内部审计发展的轨迹，使内部审计逐步成为被世界公认的、具有本质内涵的、独立的一种职业。1947年，将内部审计第一次定义为："内部审计是建立在审查财务、会计和其他经营活动基础上的独立评价活动。它为管理提供保护性和建设性的服务，处理财务与会计问题，有时也涉及经营管理中的问题。"这个定义说明内部审计是从会计中分离出来的一个职业，但它仍然以财务、会计为基础，主要审查财务会计和其他经营活动，该定义首次将内部审计定位为独立评价活动。

1999年6月，国际内部审计师协会（IAA）对内部审计进行了第七次修改，将其定义为："内部审计是一种独立、客观的保证和咨询活动。其目的在于为组织增加价值和提高组织的运作效率。它通过系统化和规范化的方法，评价和改进风险管理、控制和治理过程的效果，帮助组织实现其目标。"这个定义体现了对内部审计认识的深化，内涵和外

延都更加丰富，预示着内部审计未来有一个更为广阔的空间。

二、我国对内部审计的定义

1995年7月14日，审计署发布《关于内部审计工作的规定》，其中第四条规定："内部审计机构在本单位主要负责人的直接领导下，依照国家法律、法规和政策，以及本部门、本单位的规章制度，对本单位及所属单位的财政、财务收支及其经济效益进行内部审计监督，独立行使内部审计监督权，对本单位领导负责并报告工作。"这条规定揭示了内部审计机构的领导关系，审计依据、审计范围，向谁负责及报告工作等问题，较为完整地表述了内部审计定义。

2003年5月1日实施的《关于内部审计工作的规定》，将内部审计重新定义为："内部审计是独立监督和评价本单位及所属单位财政收支、财务收支经济活动的真实、合法和效益的行为，以促进和加强经济管理和实现经济目标。"

中国内部审计协会颁布的《第1101号——内部审计基本准则》，自2014年1月1日起施行，明确"内部审计是一种独立、客观的确认和咨询活动，它通过运用系统、规范的方法，审查和评价组织的业务活动、内部控制和风险管理的适当性和有效性，以促进组织完善治理、增加价值和实现目标"。

2018年1月12日发布的《审计署关于内部审计工作的规定》（审计署令第11号），对内部审计的定义再次进行了修订，明确规定："内部审计是指对本单位及所属单位财政财务收支、经济活动、内部控制、风险管理实施独立、客观的监督、评价和建议，以促进单位完善治理、实现目标的活动。"该规定更加适应新时代对内部审计的要求，在审计范围上，从原来的财政财务收支、经济活动的基础扩大到内部控制、风险管理等领域；在审计职能上，不仅包括监督和评价这一普通的审计职能，更是赋予了对单位管理活动的建议的职能；在审计目标上，从促进加强经济管理和实现经济目标的经济领域扩大到促进单位完善治理、实现目标的整个管理领域。可以看出,审计范围、审计职能和审计目标都在原有审计的基本属性的基础上,有机融入了属于内部机构进行管理活动的内部属性,并对这一内部属性进行了丰富和强化。也就是说,内部审计更加明确了其内部管理的属性,以区别于国家审计的属性。

可以看出,我国对内部审计这一概念的认识在不断发展、深化和完善,也可以看出,我国关于内部审计的定义与国际内部审计协会的定义呈趋同态势。

本书采用审计署对内部审计的定义,即:内部审计是指对本单位及所属单位财政财务收支、经济活动、内部控制、风险管理实施独立、客观的监督、评价和建议,以促进单位完善治理、实现目标的活动。

第二节 内部审计工作职责

随着内部审计理论研究的不断深入和国家经济社会的发展,在不同历史阶段,内部审计的工作职责也是不同的,但与国家审计的范畴保持基本一致。

一、内部审计工作职责

根据《审计署关于内部审计工作的规定》(审计署令第11号),内部审计机构或者履行内部审计职责的内设机构应当按照国家有关规定和本单位的要求,履行下列职责:

(1)对本单位及所属单位贯彻落实国家重大政策措施情况进行审计;

(2)对本单位及所属单位发展规划、战略决策、重大措施以及年度业务计划执行情况进行审计;

(3) 对本单位及所属单位财政财务收支进行审计；

(4) 对本单位及所属单位固定资产投资项目进行审计；

(5) 对本单位及所属单位的自然资源资产管理和生态环境保护责任的履行情况进行审计；

(6) 对本单位及所属单位的境外机构、境外资产和境外经济活动进行审计；

(7) 对本单位及所属单位经济管理和效益情况进行审计；

(8) 对本单位及所属单位内部控制及风险管理情况进行审计；

(9) 对本单位内部管理的领导人员履行经济责任情况进行审计；

(10) 协助本单位主要负责人督促落实审计发现问题的整改工作；

(11) 对本单位所属单位的内部审计工作进行指导、监督和管理；

(12) 国家有关规定和本单位要求办理的其他事项。

二、内部审计工作权限

为能够履行上述职责，内部审计机构或者履行内部审计职责的内设机构应当具有一定权限。根据《审计署关于内部审计工作的规定》（审计署令第11号），具体表现为下列权限：

(1) 要求被审计单位按时报送发展规划、战略决策、重大措施、内部控制、风险管理、财政财务收支等有关资料（含相关电子数据，下同），以及必要的计算机技术文档；

(2) 参加单位有关会议，召开与审计事项有关的会议；

(3) 参与研究制定有关的规章制度，提出制定内部审计规章制度的建议；

(4) 检查有关财政财务收支、经济活动、内部控制、风险管理的资料、文件和现场勘察实物；

(5) 检查有关计算机系统及其电子数据和资料；

(6) 就审计事项中的有关问题，向有关单位和个人开展调查和询问，取得相关证明材料；

（7）对正在进行的严重违法违规、严重损失浪费行为及时向单位主要负责人报告，经同意作出临时制止决定；

（8）对可能转移、隐匿、篡改、毁弃会计凭证、会计账簿、会计报表以及与经济活动有关的资料，经批准，有权予以暂时封存；

（9）提出纠正、处理违法违规行为的意见和改进管理、提高绩效的建议；

（10）对违法违规和造成损失浪费的被审计单位和人员，给予通报批评或者提出追究责任的建议；

（11）对严格遵守财经法规、经济效益显著、贡献突出的被审计单位和个人，可以向单位党组织、董事会（或者主要负责人）提出表彰建议。

第三节　内部审计发展及演变

一、内部审计的发展历程

（一）起步阶段

我国的内部审计起始于 20 世纪 80 年代初期，是国家为了强化审计监督体系，建立和健全国有企业自我约束机制，以行政手段自上而下建立的。1983 年 8 月 20 日，国务院转发了审计署《关于开展审计工作几个问题的请示》指出：建立和健全部门、单位的内部审计，是搞好国家审计监督的基础。1985 年 12 月 5 日，审计署颁布了《审计署关于内部审计工作的若干规定》，这是审计署成立后第一个关于内部审计工作的法规文件。1988 年 11 月，国务院颁布了《中华人民共和国审计条例》，在第六章专门规定了内部审计的有关问题，使内部审计工作的开展有了法规性依据。1994 年 8 月 31 日，第八届全国人民代表大会常务委员会第九次会议通过的《中华人民共和国审计法》的第二十九条，对内部审计作出了明确的法律规定。这一阶段都把内部审计作为本单位加强财政财务监督的重要手段，也是国家审计体系的组成部分。

（二）发展阶段

1995年7月14日，审计署颁布第1号令《审计署关于内部审计工作的规定》。这次规定较之以前有了较大的改变，目前我国的内部审计工作大多都是按照这个规定的机制进行安排的。这一时期的显著特点是非公有制经济快速发展，而非公有制经济对内部审计的需求越来越强烈，使得内部审计作为国家审计的有力补充这一规定逐渐淡化，不再提内部审计是国家审计体系的组成部分。2003年3月4日，审计署颁布第4号令《审计署关于内部审计工作的规定》，此次规定是在总结1995年规定的经验教训基础上，适应新的形势需要而制定的。从2003年6月至今，中国内部审计协会陆续颁布了《内部审计基本准则》《内部审计人员职业道德规范》和《内部审计具体准则》（1—20号），从此，我国内部审计正式走上了独立化、规范化和职业化的发展轨道。

（三）完善阶段

2018年1月12日审计署颁布第11号令《审计署关于内部审计工作的规定》（以下简称《规定》），自2018年3月1日起施行，同时废止2003颁布的相关规定。新《规定》的颁布实施，是贯彻落实党中央、国务院关于加强内部审计工作、充分发挥内部审计作用指示精神的重大举措。（1）加强党组织的领导。新规定明确强调内部审计机构应当在本单位党组织、主要负责人的直接领导下开展内部审计工作，向其负责并报告工作。（2）内部审计的内涵更加明确和丰富。在审计范围上，从原来的财政财务收支、经济活动扩大到内部控制、风险管理等经营活动管理领域；在审计职能上，不仅包括监督和评价这一普通的审计职能，更是赋予了对单位管理活动的建议的职能；在审计目标上，从促进加强经济管理和实现经济目标的经济领域扩大到促进单位完善治理、实现目标的整个管理领域。可以看出，审计范围、审计职能和审计目标都在原有审计的基本属性的基础上，有机融入了属于内部机构进行管理活动的内部属性，并对这一内部属性进行了丰富和强化。（3）明确内部审计与国家审计和社会审计的关系。强调国家审计对内部审计的指导与监督，确定了业务培训、交流研讨等业务指导方式和日常监督、结合审计项目监督、专项检查等监督方式。各单位通过购买服务的方式，充分利用社会审计的力量及其审计结果，作为内部审计的重要补充。

二、审计目标的发展变化

自审计产生以来，审计目标一直受到社会需求的影响，并随着社会需求的变化而变化，同时审计目标也反映了人们对审计作用的认识程度。

在我国内部审计的起步阶段，内部审计主要是对单位财务收支进行审计监督，审计目标定位于查错纠弊。这个目标常常形成人们对审计的基本认识。在发展阶段和完善阶段，内部审计的范围从财务收支扩大到内部控制、风险防控，审计目标过渡到增加价值和实现目标。2018年，审计署发布的《规定》就将内部审计目标定位为"促进单位完善治理、实现目标"。现阶段，我国内部审计的总体目标可以归纳为：查错纠弊、防控风险、提升管理、增加价值和实现目标。

三、审计业务的发展变化

审计业务的类型按照不同的审计内容或审计目标可以有不同的分类。一般来说，审计业务是在不同社会发展阶段随着人们认识的深化而不断发展的。现实中不同类型的审计有十几种，且新的审计类型还会不断出现，如财务审计、经济责任审计、效益审计、内部控制审计、工程项目审计、信息系统审计、管理审计、风险管理审计等。根据客观事物之间普遍联系的规律，各种审计业务类型的审计之间存在着相互关联、相互交叉的关系，实际上，现代审计业务逐渐走向融合，界限不是绝对的。

在审计实践中，一般以审计目标和审计内容来划分，审计业务可以分为财务审计、经济责任审计、工程项目审计、管理审计、其他业务审计等类型。财务审计是传统审计的主要业务类型，仍将是现代审计的主要业务类型之一，同时也是经济责任审计、管理审计的基础。经济责任审计是我国特有的审计业务类型，也是主要的审计业务类型，审计范围既涉及财务收支，又涉及经营管理。工程项目审计也是主要的审计业务类型，工程项目审计业务范围弹性较大，可以是建设项目全过程的审计，也可以是工程建设某个阶段或某项内容的审计。管理审计是现代审计的主要发展方向，重点关注经济性、效率性、效益性，涵盖的范围可以包括新的审计范畴，如贯彻落实国家重大政策措施情况审计，发展战略、战略决策、重大措施以及年度业务计划执行情况审计等审计类型，也包括原有的审计范围，如内部控制审计、信息系统审计等审计类型。其他业务审计是除上述四种审计类型之外的审计业务，可以包含自然资源资产管理和生态环境保护责任的履行情况审计，也包含境外机构、境外资产和境外经济活动审计等。

第四节　内部审计法律规范

一、内部审计法律规范介绍

中国现行审计法律体系是以《中华人民共和国审计法》《中华人民共和国注册会计师法》为核心建构起来的，因此将国家审计与社会审计纳入法律法规的范围。然而，内部审计法律规范建设却一直处于滞后状态，当下内部审计的规范依据是审计署颁行的《关于内部审计工作的规定》以及中国内部审计协会陆续颁布的中国内部审计基本准则、具体准则和内部审计实务指南。

中国内部审计协会，英文译名为 China Institute of Internal Audit，简称 CIIA，是由具有一定内部审计力量的企事业单位、社会团体和从事内部审计相关工作的人员自愿结成的全国性、专业性、非营利性社会组织。中国内部审计协会的宗旨是：服务、管理、宣传、交流，即以内部审计职业化建设为主线，通过向会员提供优质服务、实行职业自律管理、加强内部审计宣传、开展国内外交流，不断提升本会的职业代表性和社会影响力，充分发挥现代内部审计理念引领者、职业代言人、实践推动者、智力支撑者的作用，以推动我国内部审计事业的科学发展。

审计规范是指明文规定的各种审计的法律、法规、准则及指南，是审计理论和实务的重要组成部分。审计规范体系包括审计法律规范体系、审计业务规范体系、审计职业道德规范等内容。

审计法律规范是内审工作必须严格遵守的国家法律、法规、单位内部管理制度；审计业务规范的核心内容是审计准则，亦称审计标准，是审计人员在执行审计业务过程中必须遵循的业务规范和操作指南，也是衡量和评价审计工作质量的权威性标准；审计职业道德规范则是约束内部审计人员日常工作行为的若干要求，是提高内部审计质量的重要手段。

二、内部审计准则体系

内部审计准则是内部审计工作规范体系的重要组成部分，依据《中华人民共和国审计法》《审计署关于内部审计工作的规定》以及相关法规制定而成。由内部审计基本准则、内部审计具体准则、内部审计实务指南三个层次组成。

内部审计准则是规范内部审计机构与内部审计人员的行为准则，内部审计准则的效果是通过内部审计机构与内部审计人员执行内部审计程序来体现的，内部审计准则既是对组织内部审计机构和内部审计人员的业务素质提出的要求，也是社会公众和管理者评价内部审计质量的基本依据。

内部审计准则体系具有系统性和逻辑性，分为三个层次。第一层次，内部审计基本准则和内部审计人员职业道德规范。是内部审计准则的总纲，是内部审计机构和人员进行内部审计时应当遵循的基本规范，是指导和制定内部审计具体准则、内部审计实务指南的基本依据。第二层次，具体准则。内部审计具体准则分为作业类、业务类和管理类三大类。内部审计具体准则是依据内部审计基本准则制定的，是内部审计机构和审计人员在进行内部审计时应当遵循的具体规范。第三层次，实务指南。内部审计实务指南是依据内部审计基本准则、内部审计具体准则制定的，为内部审计机构和人员提供的具有可操作性的指导意见。

第二章　内部审计实施

第一节　编制中长期审计规划

《内部审计基本准则》第二十八条规定，内部审计机构应当编制中长期审计规划、年度审计计划、本机构人力资源计划和财务预算。

单位内部中长期审计规划是指通过对单位内外部审计环境与发展状况的系统分析，准确把握内部审计面临的形势与任务、机遇与挑战，进一步强化单位内部审计战略定位，确定内部审计总体发展目标及各阶段工作目标，明确规划期内各阶段内部审计主要工作思路、工作内容、工作重点以及主要工作措施，推动内部审计工作全面转型与创新发展，有效提升单位内部审计价值。

研究制订单位内部中长期审计规划需要注意以下几个方面的问题。

一、明确制订内部审计规划的目的

不同单位对于内部审计的功能定位及其价值体现本质上应该是趋同的，但现实中，由于不同单位在内部审计组织体系、管理模式、工作机制、业务范围与类型、工作重点、人力资源状况、内部审计发展水平等方面可能存在各种各样的差异，因此，不同的单位制订内部审计规划的主要目的在侧重点上可能会有所差异。单位制订内部审计规划的动因主要来源于两个方面：一是现有内部审计状况不能满足和适应单位改革发展与内部管理需要，要求通过研究制订内部审计规划，推动单位内部审计组织体系、管理模式、工作机制以及资源配置等部分主要管理要素的重组与变革；二是根据内外部环境条件的变化，进一步明确或者调整内部审计发展目标、发展思路、工作重心等内容，优化、完善各项具体措施，改进管理短板，提升内部审计管理水平。单位应针对内部审计发展状况及存在的主要问题明确研究制订内部审计规划的主要目的。

二、把握制订内部审计规划的重点和难点

第一，对内部审计现状的分析要立足于查找管理短板。要通过对单位内部审计环境与发展状况的系统分析，从内部审计战略定位、组织体系与工作机制、业务广度与深度、制度与标准建设、信息化水平以及审计人员胜任能力等方面查找制约内部审计发展的主要问题或者管理短板，对标内部审计先进单位和先进实践，确定发展目标，落实管理提升措施。

第二，内部审计规划要以业务与职能规划为基础。业务与职能是组织赖以生存的基础和价值体现。因此，内部审计业务与职能规划是内部审计规划的核心内容。要以业务及职能规划为基础确立内部审计战略定位与发展目标，构建内部审计组织架构，配置内部审计资源，制定支撑业务规划发展的各项具体措施。

第三，制定内部审计发展目标要切合实际。内部审计发展目标是内部审计规划的重要内容。单位应根据自身实际制定内部审计总体发展目标和各阶段发展目标，近期目标与长期目标要相互兼顾、有机结合。内部审计发展目标的制定应清晰、具体、可操作，能够量化的目标要素应尽可能量化，切忌好高骛远。

第四，推动内部审计改革要先易后难、循序渐进。内部审计规划实施过程中也可能会涉及内部审计组织体系的改革和人力资源的调整问题，可能会涉及单位内部其他相关部门和单位，需要有良好的组织环境

及相关配套措施作为支撑。在实际操作过程中，推动内部审计改革可先易后难，分阶段实施，确保平稳过渡。

三、增强内部审计规划的认同度与约束力

单位内部审计规划的研究制订和具体实施不仅仅只是审计部门的事情，涉及单位的方方面面，需要单位管理层以及相关职能部门不同形式的参与。内部审计规划的研究制订如果只有审计部门参加，这样的规划很可能就是部门规划，其工作成果不可能得到单位的广泛认同，也不可能得到有效实施。

第一，内部审计规划的研究制订应该在单位最高管理层的领导下组织实施。内部审计规划是单位内部审计工作的纲领性文件，对单位内部审计工作具有重要的战略引领作用。因此，内部审计规划的研究制订应该在单位最高管理层的领导下组织，这样一方面可以准确反映管理当局意志，另一方面也有利于协调各方面资源，强有力推动规划的研究制订工作。

第二，参与规划研究制订的范围要有一定的广泛性。研究制订内部审计规划涉及面广，制约因素多，需要单位上上下下、方方面面的支持、参与和协同。尤其是需要单位战略管理、人力资源管理、信息化管理、资产财务管理、纪检监察等部门和单位的实质性配合与参与。单位各相关部门和单位的广泛参与，有助于充分发挥单位内部各方面作用，凝聚广泛共识，提高内部审计规划研究成果的认同度，并最终确保发展规划的有效实施。

第三，要严格规范内部审计规划评审与发布程序，确保内部审计规划的有效性与约束力。内部审计规划在提交正式审定前，可组织相关方面的专家进行评审，以确保质量，其最终成果应由单位最高管理当局审定批准后作为正式文件发布实施。

四、实现内部审计规划与单位规划的协同

从单位发展规划的体系架构来讲，内部审计规划是单位战略发展规划的组成部分，是单位战略发展规划的子规划，属于职能规划范畴。一方面，内部审计规划应服从于单位整体战略规划，基于单位发展战略和整体发展规划来研究制订；另一方面，内部审计规划要与单位各项具体业务发展规划和人力资源规划、风险管理与内部控制工作规划、信息化工作规划、科技发展规划等其他专项职能规划相协同。内部审计规划不能脱离于单位大的发展环境而独立存在并推动实施，不能成为单位规划体系架构中的"孤岛"。内部审计规划的研究制订可以促进和推动单位内部环境的改善，但不能脱离单位现有的发展环境、管控体系与运行机制，不能偏离单位整体发展目标。如果偏离了单位整体发展目标，或者与单位其他专项规划不能协同甚至是发生冲突，内部审计规划将难以实施。

五、结合单位实际创新内部审计规划

认真学习内部审计先进理念，借鉴内部审计行业最佳实践，是单位研究制订内部审计规划的有效途径。但学习借鉴内部审计先进经验不能照搬照抄。由于单位在内部审计组织体系、管理模式、工作机制、业务类型、工作重点、人力资源状况、内部审计发展阶段等方面存在差异，决定了单位内部审计规划内容的不可复制。因此，研究制订内部审计规划一方面要学习借鉴先进经验，另一方面要根据单位内部审计环境条件、发展状况、发展需求与愿景等个性化特征，量体裁衣，开拓创新，构建适应单位自身实际的内部审计组织体系、管理模式与工作机制，明确与单位发展要求相适应的内部审计目标、主要业务形式、工作重点、工作措施以及相关资源配置。

六、确保内部审计规划编制质量

研究制订内部审计规划是一项专业性较强的系统性工作,成果要具有前瞻性、科学性和可操作性。依托专业咨询机构,充分利用其长期积累的行业信息、典型经验、研究方法及相关研究成果,是单位研究制订内部审计规划的有效途径。但依托不等于完全依赖,发展规划的研究制订需要紧紧依靠组织内部力量尤其是内部审计管理团队的广泛与深度参与,在内部环境条件、业务需求以及发展愿景等方面,内部管理人员更有话语权。依托专业咨询机构并集合单位内部管理人员组成联合工作团队共同研究制订内部审计规划是一种比较常见的模式。通过这种合作模式,既可以实现咨询机构与内部专业人员的优势互补,有助于提高工作质量与效率,也可以通过知识转移来培养和提升内部管理人员的分析研究能力和战略管理能力。

中长期内部审计规划具体内容包括:

(1)内部审计制度建设规划。内部审计工作需要专业化、系统化和规范化的内部审计制度作为支撑。内部审计制度的建设规划主要包括内部审计管理制度体系规划和内部审计运行机制(包括行动方案)规划。

(2)内部审计组织建设规划。一方面,顶层构建学校内部审计组织架构,提升内部审计组织地位;另一方面,优化配置内部审计人员年龄、专业、知识等结构。

(3)内部审计职能拓展规划。内部审计从监督向咨询、评价职能转型,实现从合规监督向服务增值转型;财务审计向风险审计、管理审计、绩效审计、战略审计转型。在制度建设、发展规划、战略决策与经营决策及其实施、风险管理、绩效管理和实现单位战略目标等重大事项中彰显内部审计的职能作用。

(4)内部审计运行机制规划。围绕业务层向决策层、日常监督向管理咨询、局部监督向全覆盖监控转型，构建宏观与微观双层运行模式的内部审计运行机制。

（5）内部审计队伍建设规划。完善内审人员管理和职业保障制度，健全内审人员职业教育培训体系，统筹并设立近期和中长期内部审计人力资源优化配置的战略规划。

（6）内部审计信息化建设规划。明确高校信息化建设的中长期目标，架构内部审计信息化建设战略目标以及与相关部门实现信息共享的现代化信息系统的战略框架，促进大数据下内部审计职能拓展及组织管理效率的提升。

（7）内部审计绩效评价规划。制定《审计项目质量控制考核办法》《审计项目绩效评价办法》等内部审计质量考核与绩效评价制度，对内部审计战略规划实施绩效进行综合考核与评价，促进内部审计自我改进与完善，不断提升内部审计成果转化为服务成果的能力、质量和效率。

第二节　编制年度内部审计计划

一、审计计划

审计计划，是指内部审计机构和内部审计人员为完成审计业务，达到预期的审计目的，对审计工作或者具体审计项目作出的安排。

审计计划一般包括年度审计计划和项目审计方案。

《内部审计基本准则》第十条规定，内部审计机构和内部审计人员应当全面关注组织风险，以风险为基础组织实施内部审计业务。

内部审计人员应当充分运用重要性原则，考虑差异或者缺陷的性质、数量等因素，合理确定重要性水平。

《内部审计基本准则》第十二条规定，内部审计机构应当根据组织的风险状况、管理需要及审计资源的配置情况，编制年度审计计划。

年度审计计划是对年度预期要完成的审计任务所作的工作安排，是组织年度工作计划的重要组成部分。

内部审计机构应当在本年度编制下年度审计计划，并报经组织最高管理层批准。

二、年度审计计划

《内部审计具体准则——审计计划》规定，内部审计机构负责人负责年度审计计划的编制工作。编制年度审计计划应当结合内部审计中长期规划，在对组织风险进行评估的基础上，根据组织的风险状况、管理需要和审计资源的配置情况，确定具体审计项目及时间安排。

年度审计计划应当包括下列基本内容：

（1）年度审计工作目标；

（2）具体审计项目及实施时间；

（3）各审计项目需要的审计资源；

（4）后续审计安排。

内部审计机构在编制年度审计计划前，应当重点调查了解下列情况，以评价具体审计项目的风险：

（1）组织的战略目标、年度目标及业务活动重点；

（2）对相关业务活动有重大影响的法律、法规、政策、计划和合同；

（3）相关内部控制的有效性和风险管理水平；

（4）相关业务活动的复杂性及其近期变化；

（5）相关人员的能力及其岗位的近期变动；

（6）其他与项目有关的重要情况。

内部审计机构负责人应当根据具体审计项目的性质、复杂程度及时间要求，合理安排审计资源。

内部审计机构应当根据批准后的审计计划组织开展内部审计活动。在审计计划执行过程中，如有必要，应当按照规定的程序对审计计划进行调整。

内部审计机构负责人应当定期检查审计计划的执行情况。

第三节　内部审计具体实施

一、内部审计方案制订与调整

《内部审计具体准则——审计计划》规定，内部审计机构应当根据年度审计计划确定的审计项目和时间安排，选派内部审计人员开展审计工作。

内部审计人员根据年度审计计划确定的审计项目，编制项目审计方案。

项目审计方案是对实施具体审计项目所需要的审计内容、审计程序、人员分工、审计时间等作出的安排。

审计项目负责人应当在审计项目实施前编制项目审计方案，并报经内部审计机构负责人批准。

审计项目负责人应当根据被审计单位的下列情况，编制项目审计方案：

（1）业务活动概况；

（2）内部控制、风险管理体系的设计及运行情况；

（3）财务、会计资料；

（4）重要的合同、协议及会议记录；

（5）上次审计结论、建议及后续审计情况；

（6）上次外部审计的审计意见；

（7）其他与项目审计方案有关的重要情况。

项目审计方案应当包括下列基本内容：

（1）被审计单位、项目的名称；

（2）审计目标和范围；

（3）审计内容和重点；

（4）审计程序和方法；

（5）审计组成员的组成及分工；

（6）审计起止日期；

（7）对专家和外部审计工作结果的利用；

（8）其他有关内容。

二、内部审计实施

不同组织的内部审计机构实施内部审计，基于单位的规模、特征以及内部审计机构对于被审项目的了解程度等情况，实施的审计程序也是有很大的不同。本节基于内部审计具体准则，主要介绍审计通知书、审计证据和审计工作底稿三个方面的内容。

（一）编制和送达审计通知书

《内部审计具体准则——审计通知书》规定，内部审计机构应当根据经过批准后的年度审计计划和其他授权或者委托文件编制审计通知书。审计通知书是指内部审计机构在实施审计之前，告知被审计单位或者人员接受审计的书面文件。

（二）获取审计证据

《内部审计具体准则——审计证据》规定，为了规范审计证据的获取及处理，保证审计证据的相关性、可靠性和充分性，需要获取审计证据。具体是指内部审计人员在实施内部审计业务中，通过实施审计程序所获取的，用以证实审计事项，支持审计结论、意见和建议的各种事实依据。

内部审计人员可以运用审核、观察、监盘、访谈、调查、函证、计算和分析程序等方法，获取相关、可靠和充分的审计证据，以支持审计结论、意见和建议。

（三）编制审计工作底稿

《内部审计具体准则——审计工作底稿》规定，审计工作底稿是指内部审计人员在审计过程中所形成的工作记录。内部审计人员应当在审计工作底稿中记录审计程序的执行过程、获取的审计证据，以及作出的审计结论。

内部审计人员在审计工作中应当为达到以下目的，编制审计工作底稿：

（1）为编制审计报告提供依据；
（2）证明审计目标的实现程度；
（3）为检查和评价内部审计工作质量提供依据；
（4）证明内部审计机构和内部审计人员是否遵循内部审计准则；
（5）为后续的审计工作提供参考。

三、内部审计结果沟通

《内部审计具体准则——结果沟通》规定，结果沟通是指内部审计机构与被审计单位、组织适当管理层就审计概况、审计依据、审计发现、审计结论、审计意见和审计建议进行的讨论和交流。

结果沟通的目的，是提高审计结果的客观性、公正性，并取得被审计单位、组织适当管理层的理解和认同。

内部审计机构应当建立审计结果沟通制度，明确各级人员的责任，进行积极有效的沟通。

内部审计机构应当与被审计单位、组织适当管理层进行认真、充分的沟通，听取其意见。

结果沟通一般采取书面或者口头方式。

内部审计机构应当在审计报告正式提交之前进行审计结果的沟通。

内部审计机构应当将结果沟通的有关书面材料作为审计工作底稿归档保存。

四、审计报告

《内部审计具体准则——审计报告》规定，审计报告是指内部审计人员根据审计计划对被审计单位实施必要的审计程序后，就被审计事项作出审计结论，提出审计意见和审计建议的书面文件。

内部审计人员应当在审计实施结束后，以经过核实的审计证据为依据，形成审计结论、意见和建议，及时出具审计报告。如有必要，内部审计人员可以在审计过程中提交期中报告，以便及时采取有效的纠正措施改善业务活动、内部控制和风险管理。

审计报告应当客观、完整、清晰，具有建设性并体现重要性原则。

审计报告应当包括审计概况、审计依据、审计发现、审计结论、审计意见和审计建议。

审计报告应当包含是否遵循内部审计准则的声明。如存在未遵循内部审计准则的情形，应当在审计报告中作出解释和说明。

审计报告的编制应当符合下列要求：

（1）实事求是、不偏不倚地反映被审计事项的事实；

（2）要素齐全、格式规范，完整反映审计中发现的重要问题；

（3）逻辑清晰、用词准确、简明扼要、易于理解；

（4）充分考虑审计项目的重要性和风险水平，对重要事项应当重点说明；

(5) 针对被审计单位业务活动、内部控制和风险管理中存在的主要问题或者缺陷提出可行的改进建议,以促进组织实现目标。

五、内部审计整改落实及后续审计

《内部审计具体准则——后续审计》规定,后续审计是指内部审计机构为跟踪检查被审计单位针对审计发现的问题所采取的纠正措施及其改进效果,而进行的审查和评价活动。

对审计中发现的问题采取纠正措施,是被审计单位管理层的责任。评价被审计单位管理层所采取的纠正措施是否及时、合理、有效,是内部审计人员的责任。

内部审计机构可以在规定期限内,或者与被审计单位约定的期限内实施后续审计。

内部审计机构负责人可以适时安排后续审计工作,并将其列入年度审计计划。

内部审计机构负责人如果初步认定被审计单位管理层对审计发现的问题已采取了有效的纠正措施,可以将后续审计作为下次审计工作的一部分。

当被审计单位基于成本或者其他方面考虑,决定对审计发现的问题不采取纠正措施并作出书面承诺时,内部审计机构负责人应当向单位最高管理层报告。

审计项目负责人应当编制后续审计方案,对后续审计作出安排。

编制后续审计方案时应当考虑下列因素:

(1) 审计意见和审计建议的重要性;

(2) 纠正措施的复杂性;

(3) 落实纠正措施所需要的时间和成本;

(4) 纠正措施失败可能产生的影响;

(5) 被审计单位的业务安排和时间要求。

对于已采取纠正措施的事项，内部审计人员应当判断是否需要深入检查，必要时可以提出应在下次审计中予以关注。

内部审计人员应当根据后续审计的实施过程和结果编制后续审计报告。

第三章 内部审计管理

内部审计管理,是指单位根据有关规定,设立内部审计机构、配备内部审计人员、正常有序独立开展内部审计业务所进行的一系列管理和控制活动。本章内容从内部审计机构设置、项目管理、质量控制、风险管理、业务外包、档案管理六个方面对单位内部审计管理进行较为全面的介绍。

第一节 内部审计机构管理

内部审计机构,是指在部门、单位内部依法设立,独立开展内部审计业务的专门机构,与国家审计、社会审计共同发挥审计监督职能,是我国审计监督体系的重要组成部分。早在20世纪80年代,审计署正式成立之初,我国就提出了实行内部审计制度问题,根据国务院的指示精神,许多部门和单位相继开始边组建、边开展内部审计活动。1983年9月,中国石化总公司率先成立审计部,开展了内部审计监督活动。1985年8月,国务院发布《内部审计暂行规定》,为内部审计提供了法律依据;《内部审计暂行规定》要求政府部门和大中型企业事业单位实行内部审计监督制度。1985年12月,审计署颁布《审计署关于内部审计工作的若干规定》,这是审计署成立后第一个关于内部审计工作的法规文件,对我国的内部审计工作进行了规范;1994年颁布的《审计法》中确立了内部审计制度的法律地位，明确了审计机关与内部审计的法律关系；1995年颁布的《审计署关于内部审计工作的规定》更全面地规范了内部审计机构的设置、领导关系、审计范围、主要权限、工作程序、内部管理及与审计机关的关系等。

一、内部审计机构的设立

《内部审计准则第1101号——内部审计基本准则》（以下简称《基本准则》）第四条规定：组织应当设置与其目标、性质、规模、治理结构等相适应的内部审计机构，并配备具有相应资格的内部审计人员；《审计署关于内部审计工作的规定》（审计署令第11号）第六条规定，国家机关、事业单位、社会团体等单位的内部审计机构或者履行内部审计职责的内设机构，应当在本单位党组织、主要负责人的直接领导下开展内部审计工作，向其负责并报告工作。在此基础上，其他行业部门也都陆续出台了本行业部门内部审计工作规定，并对其内部审计机构的设立作出了明确的规定。例如，教育部2020年3月20日颁布《教育系统内部审计工作规定》（教育部令第47号），其中第六条规定，单位应当根据国家编制管理相关规定和管理需要，设置独立的机构或明确相关内设机构作为内部审计机构，履行内部审计职责。第七条规定，内部审计机构应当在本单位主要负责人的直接领导下开展内部审计工作，向其负责并报告工作。第八条规定，单位可以根据工作需要成立审计委员会，加强党对审计工作的领导，负责部署内部审计工作，审议年度审计工作报告，研究制订内部审计改革方案、重大政策和发展战略，审议决策内部审计重大事项等。第九条规定，单位可以根据工作需要建立总审计师制度。总审计师协助主要负责人管理内部审计工作。

二、内部审计人员的职业道德

《内部审计准则第1201号——内部审计人员职业道德规范》（以下

简称《规范》）第二条，给内部审计人员职业道德作出了明确的定义，即：内部审计人员职业道德是内部审计人员在开展内部审计工作中应当具有的职业品德、应当遵守的职业纪律和应当承担的职业责任的总称。《规范》对内部审计人员提出了四项基本要求：诚信正直、客观性、专业胜任能力、保密。

（一）诚信正直

内部审计人员在日常工作中应展现出诚实守信、认真负责的工作作风，从而取得组织内部其他业务部门和人员的信任、理解与支持，为建立畅通的沟通渠道、顺利开展审计业务打下良好的基础。

在诚信方面，《规范》第九条规定，内部审计人员在实施内部审计业务时，应当诚实、守信，不应有下列行为：

（1）歪曲事实；

（2）隐瞒审计发现的问题；

（3）进行缺少证据支持的判断；

（4）做误导性的或者含糊的陈述。

内部审计人员应该时刻保持公正、无私、清廉的品格，一切从法律法规、规章制度的要求出发，从维护国家和单位整体利益出发，自觉抵制不正之风，警惕和远离腐蚀拉拢，敢于同有损集体利益的行为作斗争。

关于正直，《规范》第十条规定，内部审计人员在实施内部审计业务时，应当廉洁、正直，不应有下列行为：

（1）利用职权牟取私利；

（2）屈从于外部压力，违反原则。

（二）客观性

所谓客观性，是指内部审计人员在执行审计任务时，能够不受自身好恶或外部各种因素的干扰，而对审计事项作出公正评价。客观性会直接对审计结果产生重要影响。对于如何确保内部审计的客观性，《规范》中也花费了较大篇幅加以描述，可见其在内部审计人员职业道德素养中的重要性。

《规范》第四章具体内容如下。

第十一条规定，内部审计人员实施内部审计业务时，应当实事求是，不得由于偏见、利益冲突而影响职业判断。

第十二条规定，内部审计人员实施内部审计业务前，应当采取下列步骤对客观性进行评估：

（1）识别可能影响客观性的因素；

（2）评估可能影响客观性因素的严重程度；

（3）向审计项目负责人或者内部审计机构负责人报告客观性受损可能造成的影响。

第十三条规定，内部审计人员应当识别下列可能影响客观性的因素：

（1）审计本人曾经参与过的业务活动；

（2）与被审计单位存在直接利益关系；

（3）与被审计单位存在长期合作关系；

（4）与被审计单位管理层有密切的私人关系；

（5）遭受来自组织内部和外部的压力；

（6）内部审计范围受到限制；

（7）其他。

第十四条规定，内部审计机构负责人应当采取下列措施保障内部审计的客观性：

（1）提高内部审计人员的职业道德水准；

（2）选派适当的内部审计人员参加审计项目，并进行适当分工；

（3）采用工作轮换的方式安排审计项目及审计组；

（4）建立适当、有效的激励机制；

（5）制定并实施系统、有效的内部审计质量控制制度、程序和方法；

（6）当内部审计人员的客观性受到严重影响，且无法采取适当措施降低影响时，停止实施有关业务，并及时向董事会或者最高管理层报告。

（三）专业胜任能力

《审计署关于内部审计工作的规定》（审计署11号令）第七条要求，内部审计人员应当具备从事审计工作所需要的专业能力。单位应当严格制定内部审计人员录用标准，支持和保障内部审计机构通过多种途径开展继续教育，提高内部审计人员的职业胜任能力；内部审计机构负责人应当具备审计、会计、经济、法律或者管理等工作背景。

如今的审计工作，涉及领域和业务范围不断扩大，对审计人员知识结构、专业背景、综合业务能力的要求也不断提高，审计人员需要不断学习和充实自己，努力提高自身业务素质和专业胜任能力，才能满足新的业务工作要求，圆满完成审计工作任务。

有关专业胜任能力，《规范》从内部审计人员应当具备的专业知识、职业技能和实践经验等方面提出了明确要求。《规范》第十五条要求，内部审计人员应当具备下列履行职责所需的专业知识、职业技能和实践经验：

（1）审计、会计、财务、税务、经济、金融、统计、管理、内部控制、风险管理、法律和信息技术等专业知识，以及与组织业务活动相关的专业知识；

（2）语言文字表达、问题分析、审计技术应用、人际沟通、组织管理等职业技能；

（3）必要的实践经验及相关职业经历。

另外，为了保持内部审计人员知识、技能的持续提升，以满足审计实务的发展变化，《规范》对审计人员的后续教育和实践锻炼也提出了相关要求。《规范》第十六条规定，内部审计人员应当通过后续教育和职业实践等途径，了解、学习和掌握相关法律法规、专业知识、技术方法和审计实务的发展变化，保持和提升专业胜任能力。

（四）保密

内部审计人员在执行审计任务时会接触到一些组织内部的涉密信息，审计人员应当谨慎利用和保护履行职责过程中获取的信息，并有责任和义务维护这些信息的保密性，未经授权，不得擅自传播、发布或在审计业务范围以外的地方加以利用，更不能用于牟取私利。

《规范》中对于保密的要求如下。

第十八条规定，内部审计人员应当对实施内部审计业务所获取的信息保密，非因有效授权、法律规定或其他合法事由不得披露。

第十九条规定，内部审计人员在社会交往中，应当履行保密义务，警惕非故意泄密的可能性。

内部审计人员不得利用其在实施内部审计业务时获取的信息牟取不正当利益，或者以有悖于法律法规、组织规定及职业道德的方式使用信息。

第二节　内部审计项目管理

内部审计项目管理，根据审计项目实施的不同阶段，可以分为审前、审中和审后三个阶段。审前阶段包括审计项目立项和审计方案编制；审中阶段包括审计项目实施和审计报告编制；审后阶段包括审计档案立卷归档、审计结果运用、整改落实情况检查和后续审计等。

一、审计项目立项

内部审计区别于外部审计，内部审计机构与所在组织有着共同的发展利益,因此,在履行审计监督职责的同时,还要思考如何提供更好的服务,充分发挥内部审计咨询和建议功能。更多关注以审促改,通过审计发现问题、提出意见和建议,通过督促整改落实,不断完善制度体系建设,促进各业务部门提高管理能力和管理水平,促进组织提高治理能力、加强内部控制和风险管理,从而协助组织实现发展规划和战略目标。

所以,除了常规审计项目(如年度财务收支审计、干部经济责任审计等)以外,在选择审计项目时,要把"围绕中心、服务大局"作为基本原则,围绕战略规划、中心工作,主动关注涉及本单位党和国家方针政策贯彻落实情况,关注单位建设和发展过程中的热点和难点问题,从而把有限的审计力量集中到中心工作、重点工作上来,更加充分地发挥出内部审计的作用。例如,高等学校和中小学家庭困难学生资助政策落实情况的审计、扶贫专项资金审计、固定资产投资审计、高等学校"双一流建设"专项资金审计等。

在关注中心和热点工作的同时,内部审计工作还要落实审计监督全覆盖的方针,确保内部审计工作没有盲区、不留死角,这就要通过制订内部审计工作中长期规划和年度审计计划,有计划、有步骤地采取轮审的方式,在一个规划期内逐步完成,让有限的审计力量发挥出最大的作用。

就具体审计项目立项来说,首先要充分评估现有审计力量,量力而行;其次要按照内部审计中长期规划执行进度进行选择。另外,还要考虑给项目确定一个合适的名称,在项目名称中就明确对象范围、立足点(领域)、性质,力争达到一语中的效果。尤其对于专项审计调研项目,更要主题突出、目标明确,合理确定调研目标范围,力求在一点上深入,不能贪大求全。

二、审计方案的编制与调整

审计方案是审计部门对整个审计过程的具体内容和实施步骤预先安

排的一种工作计划。它包括审计对象、审计目的、审计范围和重点、审计依据、审计步骤、审计形式、审计组织分工与配合和时间进度，及其他应注意的审计事项。审计方案的编制要建立在一定数量的资料基础上，内容应该完备，对整个审计过程和审计程序作出合理的规定，明确审计目标，便于将来考核审计工作的质量。审计方案要经过有关领导的批准才能正式实施。必要时，审计方案可以随同审计通知书送达被审计单位，使其了解审计目的、意义以及审计范围等，提供审计部门所需要的基础资料，以按时完成规定的审计任务。

审前调查是编制审计方案前的一个重要环节，目的是了解被审计单位的相关情况，从而确定审计范围和重点，并为下一步确定审计形式、组织分工等提供决策依据。

内部审计机构处于组织内部，往往对本部门、本单位的情况比较了解，审前调查环节可适当简化，但是需要在平时注意搜集和掌握各类信息，以便在编制审计方案时加以利用。

审计方案由项目负责人负责编制，审计方案编写完成，经内部审计机构负责人审批后，方可实施。

一个好的审计方案，是建立在充分、细致的审前调查基础之上的。重点突出、目标明确、范围清晰、计划合理，可以让审计人员避免纠缠于旁枝末节，专注于重大问题和风险，从而节省大量的时间和精力。但是，局限于审前调查的深度与广度，任何一个方案，都无法预见审计过程中一切可能出现的状况。所以，经批准确定的审计方案并不是一成不变的，还需要根据审计项目实施过程中的实际情况适时调整。比如，发现新的重要线索，需要扩大审计范围（包括时间和空间）或增加新的审计对象。审计方案的调整同编制一样，其最终确定都要经过内部审计机构负责人审批，如有必要，还须请示分管内部审计工作的相关领导，直至单位主要负责人。

三、审计项目实施

（一）审计通知书

审计通知书，是内部审计机构在实施审计之前，告知被审计单位或者人员接受审计的书面文件。审计通知书应该在审计实施三日前送达被审计单位或被审计人员，但特殊审计业务的审计通知书，可以在审计实施时送达。

审计通知书应包含审计项目名称、被审计单位或人员名称、审计范围、审计时限、需要提供的资料及相关要求、审计组成员等主要内容，同时，审计通知书中还应明确审计实施依据，包括年度审计计划、有关授权或委托书。

（二）审计进点会

审计组进驻被审计单位时，应召集被审计单位负责人、领导班子成员及相关人员（或被审计人及其所在单位负责人、相关人员）召开会议，项目负责人（审计组长）应就本次审计有关情况向被审计单位或被审计人加以说明，宣布审计工作纪律，并承诺接受被审计单位及相关人员监督；被审计单位应为审计组提供必要的工作条件，安排专人负责联络与配合，及时提交审计组所需资料，被审计单位负责人对配合审计组工作作出表态。

（三）审计实施

审计组成员应按照审计方案及成员分工，通过采取查阅资料、抽样、谈话、函证、现场盘点、符合性测试等必要的方法获取审计证据，编制审计工作底稿及相关工作记录，对需要确认的问题，应以发出"问询单"形式要求被审计单位相关人员作出书面答复，或发出询证函要求有关单位予以复函。被审计单位负责人应在书面答复材料上签字并加盖单位公章。"问询单"及答复材料、询证函复函等应作为审计工作底稿的附件，一并归入审计档案。

（四）审计工作底稿

审计工作底稿，是内部审计人员在执行审计任务过程中形成的工作记录，是撰写审计报告的重要依据，也是重要审计档案，应按照有关规定进行归档、保管。审计工作底稿的编制，应遵循"一事一议"的原则，即不同的审计事项应分别、逐一编制审计工作底稿，不应将不同事项混编在同一底稿中，审计方案的编制与调整情况也应当编制审计工作底稿。

四、审计报告

审计报告，是指内部审计人员根据审计计划对被审计单位实施必要的审计程序后，就被审计事项作出审计结论，提出审计意见和审计建议的书面文件，它是整个审计项目按计划完成后的成果性文件。

审计报告应包括：标题、收件人、正文、附件、签章、报告日期、其他等七项要素，除此之外审计报告通常还应按年度编制文号，如"内审字〔2021〕001号"。

（1）标题：如何拟定审计报告的标题，准则中未作具体规定，可以自行拟定，也可以参照《独立审计准则第7号——审计报告》，直接以"审计报告"作为标题。自拟标题，通常应该包含被审计单位（或被审计人）与审计项目的名称。比如，某高校审计处开展对该校2017年度财务收支审计所出具的审计报告，审计项目名称是"2017年度财务收支审计"，则审计报告可以用《关于学校2017年度财务收支情况的审计报告》为标题；某研究所审计处开展对中层领导干部赵某某的经济责任审计所出具的审计报告，则审计报告可以用《关于赵某某同志经济责任的审计报告》为标题。

（2）收件人：审计报告的主送人，一般应为被审计单位，或被审计人及其所在单位。若审计项目是受领导的指示或行政事业单位内部其他部门的委托，则应载明其全称，如局（校、院、所……）领导、党委组织部（或其他某部门全称）等。

（3）正文：根据《第2106号内部审计具体准则——审计报告》规定，审计报告正文应包括审计概况、审计依据、审计发现、审计结论、审计意见、审计建议等主要内容。审计概况，应包括立项依据、审计目标、审计范围、审计内容及重点、审计程序、审计方法、审计时间等；审计依据，即实施审计所依据的相关政策法规、内部审计准则等；审计发现，即审计实施过程中所发现的主要问题的事实；审计结论，即根据已查明的事实，对被审计单位业务活动、内部控制和风险管理所作的评价；审计意见，即针对审计发现的主要问题提出的处理意见；审计建议，即针对审计发现的主要问题，提出的改善业务活动、内部控制和风险管理的建议。

第三节　内部审计质量控制

一、内部审计质量与内部审计质量控制

内部审计质量，是指内部审计工作过程及其结果的优劣程度，包括内部审计工作的规范程度和审计作用的发挥水平，是审计工作水平的综合反映和集中体现。内部审计质量包括广义和狭义两种含义。广义的内部审计质量，是指内审工作总体质量，具体包括内部审计机构的管理、内部审计人员的执业能力、内部审计的业务质量、内部审计结果的落实等多个方面；狭义的内部审计质量是指内部审计的业务质量，也就是内部审计项目质量。

《第2306号内部审计具体准则——内部审计质量控制》（以下简称"第2306号准则"）第二条，给出了内部审计质量控制的定义，即：内

部审计质量控制,是指内部审计机构为保证其审计质量符合内部审计准则的要求而制定和执行的制度、程序和方法。结合对广义内部审计质量的理解,内部审计质量控制,就是内部审计机构通过采取适当的方法,制定并执行一系列制度和程序,从而确保内部审计管理工作和业务工作符合准则的要求。因此,内部审计质量控制可以分为内部审计机构质量控制和内部审计项目质量控制,应涵盖内部审计组织构架管理体系控制、人员素质控制、内部审计项目作业控制的各个环节等多个方面。

二、影响内部审计质量的因素

(一) 机构因素

在机构因素中,首要的影响因素,是行政事业单位党政主要负责人对内部审计工作的重视与否。单位党委和行政对开展内部审计工作的态度,会直接对内部审计环境造成很大影响,包括机构设置、人员配备、经费保障以及内部审计机构和人员地位、独立性和权威性、内部审计机构与最高领导层的关系等,进而影响内部审计质量。可以说,党政主要负责人对内部审计工作的重视与支持,是确保内部审计工作充分、有效开展,保证审计质量及审计结果有效落实的关键性因素。因此,行政事业单位内部审计机构应该由单位党政主要负责人直接领导,向其负责并报告工作。其次,内部审计机构设置的合理性也会对内部审计质量产生较大影响。其中,确保内部审计机构的独立性是关键。独立性,是开展内部审计工作的基础性原则,只有保证内部审计机构的独立性,才能保证审计评价的客观性与公允性。此外,根据行政事业单位的规模和自身特点,为内部审计机构配备具有相关专业背景和工作经历的人员,提供必要的经费保障、必要的办公条件等,都是影响内部审计质量的因素。

(二) 制度因素

建立和完善行政事业单位内部审计制度体系,是保证内部审计质量的重要因素。健全的制度体系，能够为内部审计工作提供系统、全面的规范和指导，让内部审计工作有章可循，避免人为因素对审计质量造成影响。例如，行政事业单位应当根据国家、地方及行业制定的内部审计相关法规、准则、规章制度，制定本单位的内部审计工作规定、各类审计业务实施细则与规范、审计业务分级复核制度、请示报告制度、审计档案管理制度、审计报告整改落实制度、审计结果运用制度、内部审计质量评估制度、内部审计绩效考核制度等一系列符合本单位实际的规章制度体系，并为每一项制度绘制流程图，同时，还需要对已有的制度进行及时的修订和补充，不断充实和完善内部审计制度体系。

（三）人员因素

人员因素，是影响内部审计质量的关键因素。内部审计人员的专业胜任能力，包括政策水平、知识结构、专业背景、工作经验、业务素质、职业道德水平等，学习能力、人际关系、沟通能力、对本单位情况的了解程度等，都会直接影响内部审计质量；另外，内部审计人员是否及时接受后续教育，也会对审计质量产生影响。及时接受后续教育，可以让内部审计人员不断获取新的知识，掌握新的政策，持续提升和增强业务能力，以适应内部审计业务的发展和变化；审计人员与被审计对象是否存在直接利益关系，会影响审计结论的客观性，所以，在执行审计任务时，回避制度是不可或缺的。

内部审计机构负责人的组织、协调和管理能力也会给审计质量造成影响。这主要体现在，科学合理制订审计规划和年度审计计划；准确认识审计项目，并选派与审计项目相适应的审计组长、主审人员和审计组成员；善于同审计机关、上级主管部门、单位主管领导、其他业务部门及人员沟通，解决内部审计机构、人员以及审计业务实施过程中遇到的困难；合理利用外部审计资源开展内部审计工作。

（四）技术因素

首先，制订科学合理的审计方案，是确保内部审计业务质量的前提。审计方案，是审计项目实施的纲领性文件，包括审计范围、审计重点、审计时限等的确定，审计组人员的选配与分工、审计方法的选用、审计步骤、应注意的审计事项等，都应当在审计方案中有所描述，并且，审计方案还要在审计实施过程中根据情况进行调整。审计方案的编制，应当建立在对被审计对象充分了解的基础上。

其次，审计方法的合理运用，是提高审计质量的必备条件。传统的审计方法，包括查阅资料、谈话、现场盘点、抽样、符合性验证、函证、统计与分析等。对这些方法的合理运用，审计人员可以获得充分的审计证据，为得出客观、公正、准确的审计结论提供重要依据。随着科学技术的飞速发展，计算机技术在内部审计工作中得到较为广泛的运用，大数据、云计算等新科技、新技术也开始进入审计人员的视野，传统技术与新科技、新技术的结合，为审计效率和审计质量的提升提供了强有力的支持，同时也对内部审计人员运用新技术、新科技的能力提出了更高的要求。

（五）管理因素

首先是人员的管理。内部审计机构对审计人员后续教育、廉政教育、职业道德教育应予以足够重视，确保相关教育的经常性和持续性，行政事业单位应该为内部审计人员教育创造条件并提供必要的经费保障；随时了解和掌握内部审计人员的思想动态，对个人和家庭提供必要的关怀与帮助；应建立适当的奖励、激励机制，对工作成绩突出的内部审计人员，在个人评优、职务晋升、职称评聘、绩效分配等方面有所倾斜，充分调动内部审计人员的积极性。

其次是业务的管理。应通过内部审计制度体系的建设、完善与贯彻落实，让内部审计工作在系统、规范、统一的标准下开展。在计划阶段做到规划科学、立项精准、计划合理、不留死角，在项目实施阶段做到方案完备、流程规范、标准统一、质量可靠；另外，在审计实施前，应充分考虑审计项目的复杂程度，合理安排审计时间，在项目实施过程中，也应尽量避免抽调审计组成员去完成其他临时性任务，保证足够的作业时间，避免因时间仓促影响审计业务开展的深度与广度，影响审计质量，增加审计风险；对于委托外审的项目或业务监管是否到位将会影响委托业务质量，因此，内部审计机构对外委托审计的项目应全程参与、配合并监督，以确保委托项目质量。

最后是审计结果的落实和运用。内部审计的最终目的在于为行政事业单位发展战略服务，"以审促改，以审促建"。所以，审计结果的落实和运用可以使内部审计真正发挥出应有的作用，这也是内部审计质量的最终意义，离开了审计结果的落实和运用，审计质量也就变得毫无意义了。

三、内部审计质量控制的目的和意义

第一，加强内部审计质量控制，可以充分发挥内部审计应有的功能与作用，只有不断提高内部审计工作质量才能真正实现内部审计的目标；第二，加强内部审计质量控制，是遵循成本效益原则的需要，可以以较小的审计投入取得较大的审计效果，在较短的时间内取得满意的审计效果；第三，加强内部审计质量控制，是行政事业单位发展和完善内部审计，加强党对内部审计工作的全面领导，促进党风廉政建设，充分发挥内部审计监督职能的需要；第四，加强内部审计质量控制，可以有效降低审计风险。

四、内部审计机构质量控制

第2306号准则第九条规定，内部审计机构质量控制应考虑以下因素。

（一）内部审计机构的组织形式及授权状况

行政事业单位党政主要负责人对内部审计的态度会对内部审计质量

产生巨大的影响。首先反映出来的就是内部审计机构的设置、人员配备、经费保障、工作条件等方面是否能够充分满足工作需要。

在机构设置上保持独立性，是确立内部审计机构地位，确保内部审计机构充分、有效开展审计工作的重要基础，其机构和人员应独立于单位内部其他业务部门和业务流程之外，而不应附属于其他业务部门或参与业务流程，否则，将影响审计结论的客观与公允。内部审计机构与行政事业单位最高层领导的关系，决定了内部审计机构在单位内部的地位和权威性。所以，在行政事业单位中，内部审计机构应该在单位党政主要负责人直接领导下开展内部审计，对其负责并报告工作。也就是说，内部审计机构与单位最高领导层之间应建立直接沟通的渠道，其开展的一切内部审计工作是由最高领导层直接授权的。只有这样，才能确保内部审计机构在单位内部的地位和权威性。

（二）内部审计人员的素质与专业结构

前面讲过人员因素对内部审计质量的影响，既包括对机构质量的影响，也包括对业务质量的影响。内部审计机构是由人组成的，人员素质不高、能力不强、专业结构不合理，内部审计机构就无法正常开展工作，更无法取得高质量的审计成果。内部审计机构应持续加强对审计人员的政治思想教育、党风廉政教育、职业道德教育和业务培训教育，不断提高审计人员素质，优化专业结构，打造一支"政治过硬、作风过硬、业务过硬"的高素质的内部审计队伍。

（三）内部审计业务的范围与特点

内部审计业务的范围与特点是由内部审计的功能和目的决定的。习近平总书记在中央审计委员会第一次会议上讲道，要做到审计监督全覆盖，内部审计是国家审计和社会审计的重要补充，三者共同构成我国审计监督体系。可见，内部审计首先具备监督的功能和职责，这就要求内部审计机构的业务范围要包含监督，即监督行政事业单位及其内设机构和附属单位贯彻落实党和国家方针政策、执行有关法律法规和规章制度、有序开展本单位业务情况。其次，内部审计机构作为行政事业单位的内设机构，还要为单位实现战略规划、发展目标服务。所以，内部审计是以"以审促改、以审促建"为目的的，这就要求内部审计业务在寻求审计监督全覆盖的同时应遵循"围绕中心、服务大局"的原则，在履行监督职责的同时主动关注单位面临的重点、热点和难点问题，为单位提供专业咨询服务，协助单位提高治理能力和治理水平，完善内部控制，强化风险管理，进而实现组织目标。

（四）成本效益原则的要求

内部审计机构作为行政事业单位的内设机构，人员成本、机构成本，都是内部审计机构规模的制约因素，其设置应符合单位的规模和业务需求。在有限的人力、物力条件下，为了保证审计质量、提高效益，可以根据业务需要，借助外部审计资源来完成内部审计任务，以此作为对内部审计力量的有效补充。

（五）其他

除以上因素外，影响内部审计机构质量控制还有其他因素。例如，审计机关、上级主管部门对内部审计机构的监督与指导，内部审计机构对外聘审计人员和受托机构的监督与管理等。

第2306号准则第十条列出了内部审计机构质量控制应采取的主要措施：

（1）确保内部审计人员遵守职业道德规范；

（2）保持并不断提升内部审计人员的专业胜任能力；

（3）依据内部审计准则制定内部审计工作手册；

（4）编制年度审计计划及项目审计方案；

（5）合理配置内部审计资源；

（6）建立审计项目督导和复核机制；

（7）开展审计质量评估；

（8）评估审计报告的使用效果；

（9）对审计质量进行考核与评价。

五、内部审计项目质量控制

内部审计项目质量控制，应该以建立健全内部审计质量控制相关规章制度和评估标准体系为基础，根据规章制度建立贯穿整个审计过程的标准业务流程，根据评估标准体系设置审计业务质量标准，力求审计业务各环节规范化、流程化、标准化。内部审计项目质量控制，由项目负责人具体实施并承担责任。审计项目质量受项目本身的性质与复杂程度，以及项目组成员，尤其是项目负责人的专业胜任能力的影响。作为审计项目负责人，需要对审计项目性质、特点、重点和难点等有充分的认识和了解，在此基础上，制订审计实施方案，并根据项目组成员的素质、能力、经验、专业等分派不同的工作任务。所以，项目负责人的能力对审计项目质量影响至关重要。

项目负责人可通过召开会议的形式，将项目性质、概况及复杂程度、审计方案、成员分工、相关风险和可能出现的问题等向项目组成员进行通报，让每一位成员能够充分了解项目的情况及审计方案，明确各自的责任，为项目有序实施、确保审计质量奠定基础。

在审计实施过程中，应定期召开项目组工作会议，成员之间就各自负责的工作充分沟通讨论、达成共识；项目负责人随时关注项目进展情况，及时解决实施过程中出现的问题，根据实际需要调整审计方案；项目负责人应对项目实施过程各环节进行监督和检查，例如，审计工作是否符合《内部审计准则》和《职业道德规范》要求，审计方案是否充分落实、审计底稿编制是否规范、流程环节是否完备、分级复核制度是否落实、审计证据是否相关、可靠且充分、审计目标是否达到等；对外委托的审计项目或业务，应有内审人员全程参与，一是起到配合与协调的作用，二是起到监督与管理的作用。

审计是手段，不是目的，审计质量高低的最终评判，在于审计结果能否有效落实和运用，并促进单位事业的发展，这才是内部审计的最终目标。在这一点上，被审计单位和相关单位负责人是第一责任人。只有认真对待审计结果，积极实施整改，并将审计结果合理运用，才能不断改进行政事业单位的管理，健全和完善规章制度，强化内部控制与风险管理，促进党风廉政建设，提高单位治理水平和治理能力，确保单位事业平稳有序发展，进而实现单位战略目标。离开了这个，内部审计和内部审计质量将变得毫无意义。所以，行政事业单位内部应制定审计结果落实和运用的相关制度，强化对整改落实的监督和后续审计，真正收到"以审促改、以审促建"的效果，让内部审计的作用得到充分发挥。

六、内部审计质量评估

为规范内部审计质量评估工作、提高内部审计工作质量、推动内部审计的职业化发展，中国内部审计协会于 2014 年 8 月发布了《内部审计质量评估办法》（以下简称《办法》）。行政事业单位应该按照《办法》要求，建立内部审计质量评估制度，定期开展内部审计质量评估工作，可以由内部审计、人力资源、内部控制、风险管理等部门的人员参与，运用问卷调查、访谈、现场查阅文档等方法实施。

内部审计质量评估主要包含以下几个方面内容（《办法》第十一条）：

(1) 内部审计准则和内部审计人员职业道德规范的遵循情况；

(2) 内部审计组织结构及运行机制的合理性、健全性；

(3) 内部审计人员配置及专业胜任能力；

(4) 内部审计业务开展及项目管理的规范程度；

(5) 各利益相关方对内部审计的认可程度和满意程度；

(6) 内部审计增加组织价值、改善组织运营的情况。

第四节　内部审计风险管理

审计风险，是指被审计对象提供的财务报告存在重大错报、漏报，或经营管理存在弊端和漏洞，而审计人员未能准确识别并予以披露，认为财务报告合法、准确、公允，且经营管理健全有效，据此得出审计结论，并提出不恰当审计意见的可能性。在审计风险这一点上，内部审计和外部审计没有本质的区别，都会对审计报告使用者产生误导，并可能因此造成损失，而需要由报告提供者承担相应责任。

内部审计风险，就是内部审计人员在实施内部审计时，未能揭示存在重大错报、漏报的财务报告，或未能指出对单位有重大影响的管理漏洞和弊端，认为财务报告合法、公允，以及单位管理健全有效，据此提出了不恰当的审计意见，对单位的决策或审计报告的外部使用者产生误导，并造成损失，因而需要承担相应责任的可能性。

导致内部审计风险的原因很多，归纳起来有客观和主观两大类。客观原因造成错误和漏洞的客观存在或发现错误和漏洞的技术、工具、方法存在局限；主观原因则是内部审计人员的专业知识、业务素质、职业判断、审计工作经验、政治觉悟、政策水平、工作作风、职业道德、人际关系、沟通能力以及对被审计对象的了解程度等一系列因素造成的影响。随着国家经济建设的发展变化，对审计监督的要求不断提高，作为国家审计监督体系的重要组成部分，内部审计所涉及的领域、范围和业务内容也不断增加，内部审计人员除了要对行政事业单位有关经济活动的事项进行审计，比如预算及财政财务收支审计、固定资产投资审计、专项经费使用及管理审计等，还需要对单位贯彻落实国家重大方针政策、内部控制、风险管理、干部经济责任、管理及效益情况、信息系统等进行审计。审计范围及业务内容的增加使得内部审计人员责任随之增加，审计风险也一并增加，对内部审计人员素质和能力提出了更高的要求。

错误和漏洞是客观存在的，审计人员未能识别和揭示错误的可能性是客观存在的，所以，审计风险也是客观存在的，错误和漏洞越多，审计风险也就越大。因此，内部审计风险防范与控制首先应该从减少错误和漏洞的客观存在开始。内部控制制度体系的建立、完善和有效落实是提高单位管理水平、减少错误和漏洞的有效手段。内部控制制度体系，是在充分梳理行政事业单位内部各项业务流程，尤其是经济活动业务流程的基础上，为每一个业务流程制定相应的规章制度并绘制出流程图，在各个关键环节节点上实施有效控制的管理体系。一个完善的内部控制体系的有效运行，能够最大限度地减少错误和漏洞的出现，提升管理水平，降低管理风险。在内部控制体系中，内部审计质量控制体系也是其中的一个部分，加强内部审计质量控制和评估制度体系建设和落实，减少人为差错，提高内部审计质量，也能在很大程度上控制和降低审计风险。

审计技术和方法的局限性，也是造成审计风险的客观原因之一。比如，审计抽样中样本抽取数量与审计成本成正比，出于成本效益考虑，样本抽取数量并不会做到足够多，存在错误和漏洞的样本可能不被抽取。那么，就要在审计风险和审计成本之间作出权衡，在审计成本可控的情况下尽量降低审计风险。因此，利用现代科学技术手段，努力探索和发展审计新技术、新方法、新工具，弥补传统审计方法、技术、工具的不足，对提高审计效率和质量、控制审计风险也很有意义。

在主观因素方面，应加强内部审计人员队伍建设，要持续加强内部审计人员教育和培训，拓宽知识领域、完善专业结构、坚守职业道德，不断提高内部审计人员业务胜任能力，以从容应对审计工作新形势、新领域、新业务、新问题。局限于行政事业单位规模，内部审计机构往往人员配备较少，很多审计业务只靠自身无法有效开展，可以采取内部审计业务外包的方式予以实施，同时加强对外包项目的跟踪、监督和质量评估，同样可以达到保证质量、控制风险的目的。

总之，审计质量与审计风险是一对矛盾，在一定程度上，审计质量的提高就意味着审计风险的降低，所以，各种能够提高审计质量的方法和措施，对控制和降低审计风险都具有积极意义。

第五节　内部审计业务外包管理

行政事业单位内部审计业务外包，是指行政事业单位内部审计机构出于人员因素、成本效益因素或其他因素考虑，经批准将内部审计业务委托给具有一定资质的社会中介机构来具体实施的行为。《第 2309 号内部审计具体准则——内部审计业务外包管理》（以下简称"第 2309 号准则"）规定，除涉密事项外，内部审计机构可以根据具体情况，考虑下列因素，对内部审计业务实施外包：

（1）内部审计机构现有的资源无法满足工作目标要求；

（2）内部审计人员缺乏特定的专业知识或技能；

（3）聘请中介机构符合成本效益原则；

（4）其他因素。

根据第 2309 号准则，内部审计业务外包通常可分为业务全部外包和业务部分外包两种形式。业务全部外包，就是由中介机构接受委托并完成审计项目的全部实施过程，最终出具审计报告；业务部分外包，则是内部审计机构仅把审计项目中的部分业务委托给中介机构完成，内部审计机构根据情况对中介机构的业务成果加以利用，最终由内部审计机构自行编制审计报告。

内部审计业务外包的优点是比较显著的，第一，可以弥补内部审计力量的不足。行政事业单位内部审计机构往往规模较小，人员配备不多，这势必会造成内部审计人员在知识结构、专业结构、投入人力等方面难以满足日益复杂和多元化的审计工作任务需要。通过业务外包，让社会中介机构成为内部审计力量的有效补充，就可以很好地解决这个问题。第二，面对日益增加的新领域、新业务，内部审计人员因缺乏特定的专业知识或技能和工作经验，会感到找不到方向、抓不住重点、无从下手。通过业务外包，内部审计人员可以在业务外包过程中配合中介机构审计人员共同开展工作，并从中学习和提高，最终在新领域中实现突破。第三，内部审计业务外包可以保证质量、提高效率。中介机构会为受托的审计项目配备具备相应专业胜任能力的审计人员团队，搭配内部审计机构的充分配合和有效管理，能够确保审计项目质量。同时，出于成本效益原则考虑，中介机构会尽可能地提高工作效率，以尽量短的时间完成工作任务。

但是，内部审计业务外包也有比较显著的缺点。因为中介机构身处行政事业单位之外，很难在短时间内对单位做全面深入细致的了解，往往难以抓住内部审计需要关注的重点，很难发现单位经营管理中存在的漏洞，也难以提出符合单位管理和发展实际需要的审计意见和建议，从而降低审计质量、增加审计风险。所以，在内部审计业务外包过程中，内部审计机构要随时予以配合、协调，协助外部审计人员共同开展工作，而不能放任不管，同时，也要对中介机构的工作质量进行监督；另外，内部审计业务往往会接触到行政事业单位内部一些重要信息，虽不属于涉密事项，但也不宜被外界了解，内部审计业务外包增加了泄密的风险。因此，在业务外包合同中，必须要有明确的保密条款及违约责任的约定。

内部审计业务外包管理，就是对内部审计业务外包行为实施的一系列管理活动。主要包括：中介机构选择、签订业务外包合同（业务约定书）、外包项目质量控制和中介机构工作质量评价等内容。实施内部审计业务外包管理的目的就是：确保审计质量、控制审计风险、提高审计效率。行政事业单位应根据第2309号准则制定本单位内部审计业务外包管理规章制度，指导内部审计业务外包规范运行。

一、中介机构选择

行政事业单位内部审计机构可以根据要求，通过政府采购或按照单位内部采购招标有关规定，遴选社会中介机构。在遴选过程中，应注重对中介机构相关专业资质、遵纪守法情况、企业诚信度、从业人员专业胜任能力、既往业绩等给予关注。内部审计机构可根据审计项目实际情况，按照公开、公正、公平的原则，采取公开招标、邀请招标、询价、定向谈判等形式，确定具体实施审计项目的中介机构。

中介机构为受托项目选派的审计人员素质会对审计项目质量产生很大影响，因此，行政事业单位组织招标时应在标书中对项目团队成员资质提出明确要求，并要求中介机构在投标文件中明确项目团队成员，提供相应的证明材料，以便在招标过程中进行审核与评价。

二、签订业务外包合同（业务约定书）

行政事业单位应当与选定的中介机构书面签订审计业务外包合同（业务约定书）。按照单位内部合同管理规定，内部审计机构可以负责或参与起草合同文本，并交由合同管理部门按规定程序完成合同签订流程。合同正式签订前，应征求单位法务部门或法律顾问的意见，以规避法律风险。

第2309号准则规定，业务外包合同（业务约定书）主要内容应当包括：

（1）工作目标；

（2）工作内容；

（3）工作质量要求；

（4）成果形式和提交时间；

（5）报酬及支付方式；

（6）双方的权利与义务；

（7）违约责任和争议解决方式；

（8）保密事项；

（9）双方的签字盖章。

除上述内容外，还应将中标人在投标文件中承诺为受托项目选派的项目团队成员，尤其是项目负责人和主审人员名单写入业务外包合同（业务约定书），以便在合同执行过程中予以监督。招标文件、投标文件、投标人承诺等与中标项目招标有关的资料以及补充协议是业务外包合同（业务约定书）的重要组成部分，与业务外包合同（业务约定书）具有同等法律效力，单位应将其与业务外包合同（业务约定书）一并归档保管。

三、外包项目质量控制

内部审计机构应当指派专人全程参与审计外包项目的实施过程，指导、协助并监督中介机构开展受托业务。

中介机构编制项目审计方案时，内部审计人员应充分参与其编制过程，协助中介机构充分了解行政事业单位概况和被审计单位基本情况、业务特点、内审关注的重点、需要注意和需要解决的问题等，帮助其确定审计方向，明确审计目标、审计范围、审计内容、审计程序及方法，确保项目审计方案科学、合理，并且符合单位经营管理实际需要，确保审计结果能够切实为单位发展战略服务。

项目实施过程中，内部审计人员应积极配合中介机构开展工作，帮助中介机构与单位内部业务部门和人员建立有效沟通协调机制，及时获取审计所需资料，协调解决审计过程中遇到的问题，及时沟通审计发现的问题，并督促被审计单位和人员及时对审计组发出的问询函或意见征询函作出书面回答，确保审计工作顺利进行。内部审计人员应对中介机构在项目实施过程中编制的审计工作底稿进行复核，检查其正确性与完整性。对中介机构提交的审计报告初稿，内部审计机构应对照审计工作底稿认真复核，及时提出修改意见，并督促中介机构予以修改和完善，以确保审计报告质量，且符合内部审计需要。

审计项目完成后，内部审计机构应要求中介机构及时将全部档案资料立卷装订，并移交给内部审计机构，统一归档保管。

对合同履行情况的监督，也是保证审计项目质量的重要手段。合同签订后，内部审计机构应随时监督中介机构履行合同的情况，并采取相应的措施。第2309号准则规定，中介机构未能全面有效履行外包合同规定的义务，有下列情形之一的，内部审计机构可以向组织建议终止合同，拒付或酌情扣减审计费用：

（1）未按合同的要求实施审计，随意简化审计程序；

（2）审计程序不规范，审计报告严重失实，审计结论不准确，且拒绝进行重新审计或纠正；

（3）存在应披露而未披露的重大事项等重大错漏；

（4）违反职业道德，弄虚作假、串通作弊、泄露被审计单位秘密；

（5）擅自将受托审计业务委托给第三方；

（6）其他损害委托方或被审计单位的行为。

四、中介机构工作质量评价

行政事业单位应建立中介机构工作质量评价制度和评价体系，可以对单个项目审计质量进行评价，也可以对多个项目审计质量进行总体评价。其评价结果，可以作为今后中介机构遴选、招标选择中介机构的重要依据。

根据第2309号准则，内部审计机构对中介机构工作质量的评价，一般包括：

（1）履行业务外包合同（业务约定书）承诺的情况；

（2）审计项目的质量；

（3）专业胜任能力和职业道德；

（4）归档资料的完整性；

（5）其他方面。

合同及承诺履行情况可以体现出中介机构的诚信度和契约精神；人员胜任能力和职业道德可以体现中介机构审计团队成员能力和素质的高

低，这是审计质量的基本保障；从审计项目质量和资料管理情况可以看出中介机构项目管理能力和管理水平、实际工作能力和业务水平的高低；同时还可以评价诸如：与内部审计机构的配合情况，与行政事业单位内部其他部门和人员沟通情况，审计项目取得的经济效益，审计意见和建议被单位领导采纳情况等。此外，还可以参照《第2307号内部审计具体准则——评价外部审计工作质量》第四章列出的有关内容，对中介机构的工作质量进行评价。通过评价，行政事业单位可以对中介机构管理水平、业务能力、诚信度等有一个综合全面的认识，并据此遴选出一批诚信可靠、业务过硬的内部审计补充力量。因此，开展中介机构工作质量评价是行政事业单位内部审计业务外包持续、健康开展，为内部审计提供有力补充的必要手段。

第六节　内部审计档案管理

《第2308号内部审计具体准则——审计档案工作》（以下简称"第2308号准则"）规定：审计档案，是指内部审计机构和内部审计人员在审计项目实施过程中形成的、具有保存价值的历史记录；审计档案工作，是指内部审计机构对应纳入审计档案的材料（以下简称"审计档案材料"）进行收集、整理、立卷、移交、保管和利用的活动。

审计档案，是在审计实施过程中形成的资料，比如审计委托书、审计通知书、审计工作底稿及其附件、库存现金监盘表、谈话笔录、录音、询证函及其复函、问询单及其书面答复、意见征询单及其回复等。这些资料历史性地记录了审计业务实施过程，为审计结论的形成提供了充分的证据，为将来进行审计结果复核保留了原始资料。

审计档案工作，是作用在审计档案这个"物"上的行为，是按照统一的标准，通过一系列规范的程序来实施的。这一系列程序就包括收集（或自行编制）、整理、立卷、移交、保管和利用。

要做好审计档案工作,首先要明确审计档案都包括什么。第 2308 号准则中给出了内部审计档案的总体范围,审计档案材料主要包括以下几类:

(1)立项类材料:审计委托书、审计通知书、审前调查记录、项目审计方案等;

(2)证明类材料:审计承诺书、审计工作底稿及相应的审计取证单、审计证据等;

(3)结论类材料:审计报告、审计报告征求意见单、被审计对象的反馈意见等;

(4)备查类材料:审计项目回访单、被审计对象整改反馈意见、与审计项目联系紧密且不属于前三类的其他材料等。

上述立项类资料还应该包括上级部门或单位领导层有关审计项目立项的指示、批示、会议纪要等。

内部审计人员应当在项目实施过程中及时收集、获取各类与审计项目相关的文件材料和其他材料。但是,并非所有与审计项目有关的材料都要编入审计档案,只有那些具有保存价值的材料,才需要编入。第 2308 号准则第十三条规定,内部审计人员应当根据审计档案材料的保存价值和相互之间的关联度,以审计报告相关内容的需要为标准,整理鉴别和选用需要立卷的审计档案材料,并归集形成审计档案。因此,审计档案立卷应遵循"谁审计、谁立卷"的立卷原则,并且审计项目负责人对审计档案质量负主要责任。

审计档案是内部审计工作重要的历史性记录材料,第 2308 号准则中对内部审计档案工作作出了明确而详细的规定。单位内部审计机构应该按照第 2308 号准则要求,会同内部档案管理部门结合本单位档案管理规定,制定适合本单位的内部审计档案工作管理制度,对内部审计档案工作各阶段进行规范化管理,确保审计档案真实、完整、有效、规范。需要说明的是,这里所讲的审计档案,仅指内部审计项目档案,内部审计机构日常行政管理工作形成的档案材料不在此范畴,应按照单位该类档案管理规定单独立卷、另行归档。

第四章 内部审计技术及方法

第一节 概述

审计在长期的发展中不断尝试将新的技术运用到具体审计实践中，在兼容并包的过程中丰富和完善审计技术方法，并在方法技术的支持下更快、更准确地获取审计证据，完成审计工作。

一、概念

审计技术方法是取得审计证据的手段，是审计人员针对审计目标搜集证据、提出意见、完成审计任务的方法，分为审计的一般方法和技术性方法。审计的一般方法是审计带有普遍性、共同性的方法，包括核实被审计单位提供的文件资料的真实合法性，审核经济活动、业务处理的合规性，审核经济活动结果的效益性。审计的技术方法是完成审核过程具体运用的有效手段，如统计、重新计算、重新执行、分析等。审计方法和技术不是对立的两个概念，是相互联系、相辅相成的。审计的一般方法，如审核、观察、询问等，与更具技术的统计分析、重新计算、大数据运用在审计实践中是共同发力，一起为实现审计目标服务。

二、审计一般方法

依据内审协会《审计基本准则》规定,"内部审计人员可以运用审核、观察、监盘、访谈、调查、函证、计算和分析程序等方法,获取相关、可靠和充分的审计证据,以支持审计结论、意见和建议"。审计的一般方法,就是指审核、观察、监盘、访谈,调查及函证,这些方法是审计人员最常用的工作方法,同时也是易于理解和掌握的方法。

(一)审核法的定义

审核是指审查核定、审阅核定。内部审计的审核法是内部审计人员为获得证据,对被审计对象的会计等业务记录及书面文件所做的审查核定,具有客观性、独立性和系统性的特点。审核法适用于会计凭证、账表等财务会计档案,以及单位发展规划、工作计划、工作总结、各类会议纪要、记录、单位的规章制度、工作流程、内部控制指导书等。

1. 审核法的步骤

(1)根据审计目标和已经了解的情况,向被审计单位告知应提供的资料清单;

(2)对取得的资料进行审阅核定,并按照与审计目标的相关性进行分类;

(3)根据审核情况和需要,补充相应资料;

(4)将审核过程发现的问题,做书面记录;

(5)对发现问题进行整理分析,针对审核无误的印证问题,作出对应的取证单据。需要进一步了解取证的,继续延伸调查,直至出现结果。

2. 审核法的具体操作

审核法在具体操作中,可分为审阅和核对两种方式,这两种方式既有区别又有相同之处,在实际工作中针对不同审核对象来选择使用。

（1）审阅

审阅是对凭证、账表、单位规划、计划、预算、合同等文件资料以及其他应审核资料的内容，仔细阅读和审查，检查处理经济业务是否合规、是否遵守对应的准则和法规，资料记录是否准确的审计方法。审阅法主要是核查证、账、表等会计类资料。

审阅法是对凭证、账簿和报表以及经营决策、计划、预算、合同等文件和资料的内容，详细阅读和审查，以检查经济业务是否合法合规，经济资料是否真实正确、是否符合会计准则的要求。审阅法主要是审查证、账、表等会计资料。

①审阅原始凭证、记账凭证。既要从形式和技术上审查，也要从内容上审查，原始凭证主要是审查凭证是否完整正确，如日期、摘要、金额、大小写、签章等填写是否齐全，有无涂改；记账凭证所记录的经济业务，是否符合审批程序，有无违反财经纪律、财务制度，甚至违规违法等事实的存在。随着电子信息技术以及会计信息化的进步，原始凭证在填制完整性及准确性方面，记账凭证在编制正确性方面的进步越来越快。在这部分资料的审阅上，更多的是关注合法合规性，审核人员要在熟悉准则、法规的基础上开展工作。

②审阅账表等经济资料，要审核账表资料的记录是否符合会计基本原理和记账规则，账表中科目使用是否规范完整，总账科目与明细科目设置是否合理，会计报表是否完整并按照报送归档，报表的勾稽关系是否准确。这部分资料的审核重点也在合规性的审查，尤其是在新会计制度实行时，要审核新旧账务处理衔接是否正确，账务处理是否符合制度要求以及账务调整过程中，有无违规处理、前期遗留问题等。

③审阅资料记录有无异常，查看账证表等会计资料有无涂改、刮擦、挖补、伪造等不符合规定的书写和改动，有无人为更改账表项目现象，有无纸质档案与电子数据不一致的现象等。

（2）核对

核对是将会计记录及其相关资料中，两处以上的同一数值或数据相互对照，用以验明内容是否一致、计算是否正确的审计方法。目的是查明证、账、表之间是否相符，证实被审单位财务状况和财务成果的真实、正确及合法性。

①原始凭证与有关原始凭证，主要是对原始凭证与原始凭证汇总表、记账凭证与记账凭证汇总表或科目汇总表的核对。

②凭证与账簿，主要核对凭证的日期、会计科目、明细科目、金额同账簿记录内容是否一致，汇总记账凭证（或科目汇总表）与记入总账的账户、金额、方向是否相符。

③明细账与总分类，主要核对期初余额、本期发生额和期末余额是否相符。

④账簿与报表，主要以总账或明细账的期末余额或本期发生额和余额为依据，核对账户记录同有关报表项目是否相符。

⑤报表与报表，主要核对报表是否按会计制度规定要求编制，报表之间的勾稽关系是否正确。

核对中如发现错误或疑点，应及时查明原因。特别需要指出的是，采用核对法作为证据的资料，必须真实正确，否则核对就失去意义。如果依据不够充分时，核对的数据，应至少有两个不同来源，以相互印证准确性。

还需要说明的是，随着会计信息化的推进，传统的核对法也随之有所改变。但作为审计方法之一，仍然是审计人员需要掌握的方法。

（二）观察法

观察法是指内部审计人员实地察看被审计单位的经营场所、实物资产和有关业务活动及其内部控制执行情况等，以获取证据的方法。观察法是审计工作中经常运用的一种审计方法。通过观察法，可以掌握被审计单位账簿资料以外的一些重要经济信息和问题，是提高审计效率、发现重大问题的有效手段。

1. 观察法的步骤

（1）根据审计目标，确定观察对象。

（2）了解查阅观察对象的背景资料、目前的基本情况。

（3）整理观察要点，梳理观察流程。

（4）根据观察对象，确定观察时间。须提前沟通的，依据观察对象的具体实际情况，做好事前协调。

（5）实地观察，并记录观察到的要点。

（6）将实地观察到的情况，与审核资料或有关人员进行沟通确认。

2. 观察法的运用范围及特点

（1）运用范围

观察法一般适用于审前调查阶段和审计实施阶段。审前调查阶段，可以通过实地观察被审计单位的公务及业务现场，了解单位的实际环境、经营用房、资产情况、管理的状况等。同时在观察过程中，也可以随机询问有关人员。审计人员可以有直观感性认识，再结合审核的有关资料信息，对单位的资产管理、公务流程、业务活动等，形成相对完整的初步印象，有利于实施阶段审计工作的开展。在实施阶段，内部审计人员可以对实物等有形资产进行观察，实地确认资产的完整性。对内部控制等管理流程观察评测时，还可以直接确认岗位设置是否有负责人、负责人是谁、在具体做什么等具体执行情况，这是审计过程必不可少的组成部分。

（2）特点

①效率性。观察法要有充分的前期准备，带着问题，做实地观察；围绕审计目标，具有针对性地走访。尤其是有经验的审计人员，通过观察可以获取很多有用的信息，发现审计疑点，在后续实施中提高审计效率。

②随机性。观察法在具体运用时，除非特殊情况，需要被审计单位配合，大部分采取多种随机的观察，可以是临时安排内部审计人员去行政单位办事大厅走访，也可以是到医院门诊收费处了解流程管理，还可以是去学校食堂查看原材料的存放情况，等等，这种随机观察往往会获取直接的审计证据。

③客观性。实地观察过程中，看到的、听到的，都是客观存在的，

也就可以直接印证,自然是客观真实的。

观察法在审计取证过程中,可以单独使用,也可以与其他审计方法综合运用,如监盘、询问,以及事前准备的资料审阅,等等。

(三) 监盘法

监盘法,也叫监督盘点法,是指对盘点进行监督。在审计实施过程中,一般是指由内部审计人员监督本身及单位人员盘点的过程,常用于检查固定资产、存货及其他财产物资,也可用于盘点现金、有价证券等。

1. 监盘法的步骤

(1) 核实并确定待盘点实物的存放地点、种类、数量等待核实基本情况;

(2) 编制盘点方案和监盘方案;

(3) 确定盘点时间、地点、参加人员;

(4) 按照盘点及监盘方案,进行现场盘点及监盘;

(5) 内部审计人员随机抽查复核;

(6) 确认盘点结果。

2. 监盘法的要点

(1) 盘点时间的确定。多数行政事业单位的固定资产盘点,会在年末进行(资产大清查除外)。流动性存货的盘点,则在财务结算前。因此,时间选择上应该避开财务结算后,否则无法呈现日常管理的状况。现金及有价证券的盘点,一般采用事前突击的方式,防止被盘点现金被转移或人为调整库存。

(2) 内部审计人员只负责监督被审计单位的盘点工作,不需要亲自参与盘点。

(3) 内部审计人员在监盘过程中,发现盘点有误,可要求重新盘点。

(4) 监盘完成后,内部审计人员也可以再次随机抽查。

（5）检查管理人员的各类票据登记记录，尤其是已使用票据的缴销、作废情况，未使用票据的登记领用，同时也审查岗位设置，是否符合不相容岗位相互分离的原则。

（6）内部审计人员应当反复核对盘点过程及记录，评估实际盘点结果的准确性。对于监盘结果，要和账表进行比对，出现重大差异，要查明原因并核实。

采用监盘法，是为了确定被审计单位实物资产是否账实相符，查明有无短缺、毁损及贪污等问题。获取的审计证据直观，但在审计证据的确定过程中，还要反复核对、相互印证，以保证证据的准确性。

（四）访谈法

访谈法，又称为面谈法或询问法。是指内部审计人员通过向被审计单位的有关人员面对面交谈提出问题，口头了解情况，根据回答的问题核实问题，收集审计证据的审计方法。访谈法适用范围广泛，既可以是实质审查的起点，也可以在审计实施一段时间后进行，便于内部审计人员更全面、多层次地获取审计信息。

1. 访谈法的基本步骤

（1）确定访谈的目的，即要达到的目标；

（2）整理对应的背景资料，列出关键点及关联性；

（3）确定访谈对象；

（4）依据访谈目的，针对访谈对象列出访谈问题，编制谈话提纲；

（5）在约定的时间地点进行访谈，参加访谈的人数依据实际情况确定，但必须有提问人和访谈记录人；

（6）向访谈对象提出问题，并记录回答结果；

（7）访谈记录向被访谈人出示，并经其签字确认；

（8）审慎评估访谈结果，并与审计其他资料进行核对印证，取得明确的审计证据。

2. 访谈法的要点

（1）要根据审计目标确定访谈的目的，围绕目的筛选合适的访谈对象。

（2）审计人员在访谈前要做充分的准备，熟悉要访谈的问题和背景资料，以及相关的专业知识。对被访谈对象人员的背景资料以及性格特点，也要充分了解，做到有的放矢。

（3）访谈过程要气氛轻松，不能先入为主或有罪推定，客观了解问题，平等交流。

（4）认真做好记录。经被访谈人确认签字，如访谈人有异议，可再次核实，准确记录。

（5）访谈结果因访谈人的立场不一，结论往往带有主观性。从证据力的角度，应当审慎评估，仔细审核，综合使用。

（五）函证法

函证法是指内部审计人员为了确定被审计对象的某个记录是否正确，采用函询的方式，向被审计对象及有关人员、部门取得函证的审计方法。函证法一般用于核实银行账户、存借款情况、债权债务情况、担保抵押及大额或异常交易情况等。函证法又分为积极函证法和消极函证法。积极函证法要求被函询的人、部门和机构，无论函询内容是否与事实相符，均要予以回复，也称为正面函证法；消极函证法是函证内容出现不一致时，才需要回复，也称为反面函证法。由于不予回复的情况复杂，函证风险较大，因此使用范围非常有限。

1. 函证法的步骤

（1）确定需要函证的内容；

（2）根据内容，确定需要函证的人及部门或机构；

（3）拟定编制函证信件及函证方式；

（4）取得函证后，将函证内容与有关记录进行核查比对，分析函证结果；

（5）评价函证结果，并得出审计证据。

2. 函证法的要点

（1）准确确认函证的内容，尽量减少非必要函证。

(2）询证函编制一般是统一格式，格式应包括收件人、函证目的、需要确认事项、回函要求等。函证一般以被审计单位身份编制，由审计人员负责编写并寄发，回函必须直接寄回审计人员，以确保函证的可靠。

（3）正确运用函证方法，谨慎使用消极函证方式。在没有函证结果的情况下，要排除因收寄有误、人为干涉等情况，避免干扰审计取证。

函证法能够为内部审计人员提供客观、可靠的审计证据，对于财务会计等信息确认效果尤佳，但也有局限性，比如被函证人的主观认识和配合程度，也会影响取证效果，因此函证法应更多侧重于实质性印证方面。

三、审计分析方法

审计分析方法是指内部审计人员在审计过程中，对被审计单位重要的经济数据，应用分析技术，对其数量、比率以及趋势等进行比较分析，用以评价审计事项的方法。审计分析的目的在于审计评价。通过评价规划审计工作，可以获取审计证据，并为形成公允的审计结论，提供有力的帮助。

审计分析方法很多，有比较法、比率法、账户法、趋势法、模拟法、决策法、控制法、因素法、成本法等，依据行政事业单位的特点，做重点介绍。

（一）比率法

比率法是指内部审计人员在审计过程中，利用审计事项存在一个指标对另一个指标的比例关系，进行比率数值分析的一种分析方法，即：比率=分子指标/分母指标。日常审计工作中有相关比率分析法、结构比率分析法和动态比率分析法。

1. 相关比率分析法

相关比率分析法是指利用两个性质不同但又有相互关联的指标，进行分析比对的技术方法。例如，用于衡量单位偿债能力的流动比率，流动比率＝流动资产/流动负债，如果某一行政事业单位利用政府债务进行某项建设，在审核时，我们可以通过计算这一指标的大小，来确定这个单位偿债能力的强弱，并给出恰当的审计评价。

2. 结构比率分析法

结构比率分析法是指通过计算某个经济指标的各个组成部分占总体的比重，反映部分指标与整体指标关系的评价分析方法，即：结构比率＝某一部分数额/总体数额，通过比较数据可以评价构成情况并观察趋势、找出问题。

例如，单位的存货资产比率＝存货/流动资产合计，由于存货是流动性较差的资产，如果这一指标过高，说明单位资产流动性差，资金周转慢，资产的使用效率不高，造成资金的闲置和浪费。

3. 动态比率分析法

动态比率分析法是将不同时期同类指标的数值进行对比分析的方法，一般分为环比比率法和定基比率法两种。前者是将分析期各个时期的数量都和上一期数量相比，计算其增减比率；定基比率是以某一时期的数量为基数，将分析期各个时期与基数期数量相比，计算比率。

例如，假定某学校2010年财政拨款1亿元，2011年1.2亿元，2012年1.3亿元，以2010年作为基期，计算单位财政拨款增长率。

2011年的环比动态比率＝1.2÷1×100%＝120%。

2012年的环比动态比率＝1.3÷1.2×100%＝108%。

2011年的定基动态比率＝1.2÷1×100%＝120%。

2012年的定基动态比率＝1.3÷1×100%＝130%。

（二）账户法

账户法是指内部审计人员以会计准则等财务法规为依据，按照资产、负债、所有者权益、收入、支出和利润类账户的对应关系及其发生额余额的情况和规律性，审查清楚已发生的经济事项的过程和结果，分析发现账务错误及作弊的审计技术方法。

账户法审核的重点在于会计总账、明细账、备查簿，不是从审查会计凭证和报表开始，而是直接从会计账务处理系统进行检查，通过实账户（资产、负债、所有者权益、利润类）和虚账户（收入、费用成本类账户）的钩稽关系审查，查找错漏。审查既可以是用结构分析法，也可以用比率分析法。

账户法审查时的步骤及事项如下：

（1）审查被审计单位账务处理系统及账户设置情况。

（2）依据会计制度及有关准则，审核账户设置是否合理合法，总分类账、明细账设置是否规范合理。

（3）审核账户结构、账簿记录，是否真实、全面、系统地反映了实际发生的经济业务。

（4）进行抽查，选取样本，计算结果，推断总体结果。

（5）结合账账、账表、账证对应核对方式，进一步查明情况和发现的问题。

（6）重点分析账簿中的异常现象，包括异常项目、内容、摘要、对应关系、发生额及余额等。

（7）评估发现的问题，分析确认审计证据。

（三）趋势法

趋势分析法是指内部审计人员将被审计单位若干期财务或非财务数据进行比较和分析，从中找出规律或发现异常变动的方法，是分析法中较常用的方法。

趋势法主要用于分析如下内容：

（1）若干期资产负债表项目变动趋势；

（2）若干期收支费用表项目变动趋势；

（3）若干期净资产变动情况表变动趋势；

（4）若干期各类报钩稽关系之间的构成比例变动趋势情况；

（5）若干期各项财务指标变动趋势分析情况；

（6）特别选定的指标或项目，在若干期的趋势变动情况。

趋势分析法比较直观，针对若干数据、指标、项目在若干会计期进行分析比较，可以是绝对值分析，也可以是比率比较。将分析数据描述出来，可以得出数据、指标、项目的变化趋势，结合审计过程中发现的结果或显而易见的趋势，进行对比分析，判断存在的问题，并得出审计证据。

内部审计的分析方法还有很多，随着审计信息化建设的推进，审计分析模型日益完善，审计人员在掌握了审计分析方法的原理和可完成的目标后，综合运用审计信息化工具辅助内部审计，可以达到事半功倍的效果。

四、其他审计方法

从审计检查的角度看，审计方法还有查账法。其基本原理是确定审计事项，明确审计目标和审计范围。针对审计目标，结合审计环境，选择审计检查方法，评价审计结果，形成审计证据。检查法的具体方法可以有顺查法、逆查法、交叉法、详查法、抽查法、核对法、审阅法等。可以看出，里面包含了前面介绍的审计的一般方法。因此，在审计实践中，所有的审计方法都不是固定的、唯一的。在具体工作中，各种审计方法相互补充、综合运用，共同完成审计取证的目标。

审计方法依据不同的分类，还有很多种类。由于篇幅所限，本节重点介绍审计的一般方法和分析方法。这两种分类的审计方法，是审计人员应该掌握的最基本的审计方法，必须熟练掌握。随着审计实践的深入开展，审计技术与方法将与时俱进地完善和进步，成为提高审计工作质量的推动力。

第二节　审计抽样

审计抽样是指内部审计人员在审计业务实施过程中,从被审查和评价的审计总体中,抽取一定数量、具有代表性的样本进行测试,以样本审查结果推断总体特征,并作出审计结论的一种审计方法。

一、审计抽样的相关概念

1. 审计总体——指由审计对象的各个单位组成的整体。
2. 抽样单位——指从审计总体中抽取并代表总体的各个单位。
3. 样本——指在抽样过程中,从审计总体中抽取的部分单位组成的整体。
4. 误差——指业务活动、内部控制和风险管理中存在的差异或缺陷。
5. 可容忍误差——指内部审计人员可以接受的差异或者缺陷的最大限度。
6. 预计总体误差——指内部审计人员预先估计的、审计总体中存在的差异或者缺陷。
7. 可靠度——指预计抽样结果能够代表审计总体质量特征的概率。
8. 抽样风险——指内部审计人员依据抽样结果得出的结论,与总体特征不相符合的可能性。
9. 样本量——指为了能使内部审计人员对审计总体作出审计结论,所抽取样本单位的数量。

二、审计抽样的一般原则

第一,确定抽样总体、选择抽样方法应当以审计报表为依据,并考虑被审计单位及审计项目的具体情况。

第二，抽样总体的确定应遵循相关性、充分性和经济性原则。相关性是指抽样总体与审计对象及审计目标相关；充分性是指抽样总体能够在数量上代表审计项目的实际情况；经济性是指抽样的总体的确定符合成本效益原则。

第三，抽样方法包括统计抽样和非统计抽样，也可以两种方法综合使用。

第四，选取的样本应当有代表性，具有与审计总体相似的特征。

第五，审计人员在选取样本时，应当对业务活动中存在重大差异或者缺陷的风险以及审计过程中的检查风险进行评估，并充分考虑因抽样引起的抽样风险及其他因素引起的非抽样风险。

第六，抽样结果的评价应当从定量和定性两个方面进行，并以此为依据，合理推断审计总体特征。

三、审计抽样的特点

第一，抽样审计不同于详细审计，是从审计对象总体中根据统计原理选取部分样本进行审计，根据样本推断总体，并得出审计意见。

第二，抽样审计不是抽查。抽查是一种审计技术，广泛适用于审前调查、确定审计方向，并取得审计证据，使用中没有严格的规范；而抽样审计是需要运用统计原理，并有规范程序和抽样方法的审计方法。

第三，抽样审计可用于逆查、顺查、函证等审计过程，也可用于符合性测试和实质性测试，但审计人员在进行询问、观察、审计分析时，不宜使用。

四、审计抽样的程序和方法

（一）抽样程序

1. 根据审计目标及审计对象，结合审计环境，调整制订抽样方案；

2. 选取样本，确定样本规模；

3. 对样本进行审查；

4. 评价抽样结果，分析样本误差；

5. 根据抽样结果，推断总体特征；

6. 形成审计结论。

（二）抽样方法

1. 随机数表选样法

随机数表选样法又称为乱数表法，是利用随机数表，抽取随机样本的抽样方法。随机数表是任意组成的五位数字，同时把这五位数字完全任意地纵横排列所构成的表。利用随机数表抽样，从数表的哪一栏、哪一行开始都可以，但必须遵循一定的顺序，例如，如果使用第二栏数字，就应该依照第二栏的数字依次进行，以此类推，直至样本量完成。

2. 系统选样法

系统选样也称为等距选样，是从审计对象总体中，等距离地选取样本的一种选样方法。采用系统选样法，首先要计算选样间距，确定选样起点，然后根据间距顺序选取样本。选样间距＝总体规模/样本规模。

例如，审计抽取凭证的总体范围是 655—3 154，设定抽取量为 100 张，选样间距应为（3 155 − 655）/100 ＝ 25。抽取时，内部审计人员从 0—25 个数中，选取一个随机数作为抽样起点。如选择 5，那么凭证号应该从 655 + 5 = 660 号开始，其余的 99 张依次为 660 + 5 = 665，670⋯依此类推，直到抽样完成。

3. 分层选样法

分层抽样是指将某一审计对象总体按照一定的特征，分成若干层次，然后分别在每一层次中，抽取不同数量的样本的选样方法。各不同层次的样本数量，根据实际情况，可以不相同。例如，抽查某行政单位人员收入情况，可以按照人员职务等级分为处级、科级、科员三个层次进行分层选样：一般来说，处级层次人员数量少，抽取的百分比应该是最大的；科级人员数量较多，抽取比率居中；科员人员数量最多，抽取比率应该最小，按照这样的分层抽样方法，得出的抽样结果是有代表性的。

4. 整群选样法

整群选样是指整群地抽取样本单位，对被抽选的各群进行全面调查的一种抽样方式。例如，对某事业单位库存材料进行检查，使用整群抽样法的具体操作是：在库存材料中，随机收取某一种材料的三个型号，将选取的这三个型号的材料全部都要抽取出来，全面地进行检查。

5. 任意选样法

任意选样是指内部审计人员不带任何偏见地选取样本，即不考虑样本项目的性质、大小、外观、位置或其他特征，选取样本。例如抽取票据，选档案柜的哪一排、哪几个中的哪几列等。这种抽取方式，会受审计人员现场的偏好影响。在使用时，可以审慎评估后，再选择使用。

五、抽样结果的评价要求

1. 内部审计人员应当根据预先确定的误差构成条件，确定存在误差的样本。

2. 内部审计人员应当对抽样风险和非抽样风险进行评估，以防止对审计总体作出不恰当的审计结论。

3. 抽样风险主要包括如下两类：

（1）误受风险，是指样本结果表明审计项目不存在重大差异或者缺陷，而实际上却存在着重大差异或者缺陷的可能性。

（2）误拒风险，是指样本结果表明审计项目存在重大差异或者缺陷，而实际上并没有存在重大差异或者缺陷的可能性。

4. 非抽样风险是由抽样之外的其他因素造成的风险，一般包括下列原因：

(1) 审计程序设计及执行不恰当；

(2) 抽样过程没有按照规范程序执行；

(3) 样本审查结果解释错误；

(4) 审计人员业务能力不足；

(5) 其他原因。

5. 内部审计人员应当根据样本误差，采用适当的方法，推断审计总体误差。

6. 内部审计人员应当根据抽样结果的评价，确定审计证据是否足以证实某一审计总体特征。如果推断的总体误差超过可容忍误差，应当增加样本量或者执行替代审计程序。

7. 内部审计人员在上述评价的基础上还应当考虑误差性质、误差产生的原因，以及误差对其他审计项目可能产生的影响等。

六、审计抽样应注意的事项

1. 内部审计人员应当根据审计重要性水平，合理确定预计总体误差、可容忍误差和可靠程度。

2. 内部审计人员应根据审计目标和对象，合理确定抽样方法。

3. 内部审计人员应综合考虑审计总体、可容忍误差、预计总体误差、抽样风险以及可靠程度，确定样本量。

4. 认真审核选取样本，获取相应的审计证据。

5. 审慎评估抽样风险。对于明显出现不准确趋势的抽样，应当重新检查抽样方式，防止作出不恰当、不准确的审计结论。

6. 综合评估抽样审计结果，确定是否充分反映审计总体的特征或某一问题的证实。

第三节 计算机审计

随着计算机技术应用的推进、会计电算化的普及，内部审计环境也发生了重大的改变，如何在计算机环境下开展审计工作，是内部审计机关及内部审计人员共同面对的问题。经过长期的审计实践，计算机审计已经成为内部审计实施中不可或缺的审计方式。尤其是在万物互联、无处不计算的大数据时代，审计作为一个与数据密不可分、用数据说话的行业，提高内部审计的计算机信息化程度，提高审计效率，计算机审计方法的推广和运用是势在必行的。

一、计算机审计概述

内部审计的计算机审计，是指内部审计机构和人员运用传统的审计方法或借助计算机技术，对会计电算化系统和其他管理信息系统所加工的信息的准确性、可靠性及反映的经济活动的真实、合规、合法及效益性，进行审核评价的审计。由此可见，计算机审计技术方法也分为两类：对被审计单位信息系统控制的测试和对电子数据的审查。依据行政事业单位的内部审计实践，我们一般说的计算机审计是局限于利用计算机进行审计，即计算机辅助审计技术。具体说，就是利用计算机作为工具，辅助内部审计人员完成审计工作，随着行政事业单位信息系统的完善、内部控制的提升，计算机审计技术也将从辅助转向主导，并全面发挥作用。

二、计算机审计的特点

（一）审计业务的系统性

计算机本身就是一个系统的集成，在计算机内部审计中，任何对计算机系统数据处理的某部分进行单独验证的做法，都无法取得正确的审计结论，例如，在审计会计系统的过程中，在互联网状态下，单位的合同审批、经费审批的系统流程就可以相互验证，在审查某一笔购置款项的支付是否规范时，就可以看到在经费审批系统的审批，在合同签订的审批以及最后的会计系统的核算和支付审批，是否相互印证、共同完成。

（二）审计方法的科学性

计算机内部审计本身就是科学技术成果的运用结果，因此审计方法的科学性是其与生俱来的特性。

（三）处理复杂数据的经济性

计算机审计以其快速处理海量数据的能力，大量替代了传统审计的手工劳作，并且处理数据快速准确，移动处理终端的便携性也使审计业务处理更加经济，效率大大提高。

三、电子数据审计的方法

计算机环境下，被审计单位的一些反映经济活动、管理流程的数据资料是以固定格式和结构存储在计算机或优盘、移动硬盘等电子储存介质中，电子数据审计是对被审计单位的电子数据进行下机、预处理以及分析，从而发现审计线索、获得审计证据的过程。

（一）电子数据审计的步骤

1. 数据的采集和转换

行政事业单位的电子数据有财务部门的会计数据、组织人事部门的干部信息、员工信息和工资信息，国有资产台账，以及其他项目管理涉及的、可以作为审计资料的电子数据。内部审计人员在审计取得数据前，要先了解被审计单位的数据状况，依据审计需要，要求单位提供相应的数据。数据采集完成后，还要按照审计软件的要求，做相关的转换。

2. 利用审计软件等工具对数据进行处理

采集转换后的电子数据，在审计软件的辅助下，对数据进行排列、统计、计算、绘图、描述等处理。在实际运用中，也可以综合使用 EX-CEL、ACCESS 等处理工具，进行统计加工或计算，得出处理结果。

3. 审核分析、统计结果

对于计算机审核的结果，如发现异常或审计相关问题，审计人员要及时使用其他审计方法，再进一步核对评估。与被审计单位有关人员充分沟通，核实问题，取得审计证据。

（二）审计电子数据的方法

1. 查询

查询是按照审计需要，根据审计人员的经验，附加查询条件或定义格式，找出符合条件的数据记录，并将记录进行相应的排序、计算和统计。相比传统审计方法，提高了数据的准确性，同时也减轻了工作人员的工作强度。

2. 审计抽样

内部审计人员在实施审计时，有时会因需要进行样本抽样，在上一节内容中有相应的叙述。在有计算机辅助的条件下，可以根据需要抽取样本的特点，对电子数据进行抽样，在有审计抽样模块的审计软件支持下，完成审计抽样，获取审计证据。

3. 账表分析

通过审计软件，对单位提供的账表进行分析。审查账表间的钩稽关系和对应关系，查找出表间异常点。

4. 统计相关数据，分析趋势

通过对各类数据进行统计，观察数据规律，分析数据走向趋势，寻找出审计问题。

可以看出，电子数据审计目前还是基于审计一般方法和分析方法的基础上，做的计算机信息化处理，是对传统审计方式的迭代，有利于提高工作准确性和效率性。

（三）计算机信息系统控制的审计方法

对计算机信息系统控制的审计也是内部审计应当进行的审计内容，一般分为利用数据对系统进行测试，利用审计人员编制的程序对系统进行测试两种方法。在行政事业单位的内部审计实践中，更多的是对被审计单位的电子数据进行审计，对信息系统审计开展相对较少，在此不再赘述。

随着技术的发展，计算机审计技术也在飞速进步，目前已经从传统的人与人，人与账的审计转化为人与数据、人与软件的审计。审计人员一定要注重审计业务的更新，掌握更新的计算机审计技术，否则将会面临"进不了被审计单位的门，打不开被审计单位的账"的窘境。此外，审计署前审计长刘永义在全国审计工作会议上指出，从一定意义上讲，中国审计的出路关键在于信息化，信息化的关键在于数据化。创新审计方法和技术手段，提高审计工作技术含量，是计算机审计的发展方向和必由之路。

第四节　分析程序

一、分析程序的概念

分析程序，是指内部审计人员通过分析和比较信息之间的关系或者计算相关的比率，以确定合理性，并发现潜在差异和漏洞的一种审计方法。

内部审计人员应当合理运用职业判断，根据需要在审计过程中执行分析程序。

内部审计人员执行分析程序，有助于实现下列目标：

（1）确认业务活动信息的合理性；

（2）发现差异；

（3）分析潜在的差异和漏洞；

（4）发现不合法和不合规行为的线索。

内部审计人员通过执行分析程序，能够获取与下列事项相关的证据：

（1）被审计单位的持续经营能力；

（2）被审计事项的总体合理性；

（3）业务活动、内部控制和风险管理中差异和漏洞的严重程度；

（4）业务活动的经济性、效率性和效果性；

（5）计划、预算的完成情况；

（6）其他事项。

分析程序所使用的信息按其存在的形式划分，主要包括下列内容：

（1）财务信息和非财务信息；

（2）实物信息和货币信息；

（3）电子数据信息和非电子数据信息；

（4）绝对数信息和相对数信息。

执行分析程序时，应当考虑信息之间的相关性，以免得出不恰当的审计结论。

内部审计人员应当保持应有的职业谨慎，在确定对分析程序结果的依赖程度时，需要考虑下列因素：

（1）分析程序的目标；

（2）被审计单位的性质及其业务活动的复杂程度；

（3）已收集信息资料的相关性、可靠性和充分性；

（4）以往审计中对被审计单位内部控制、风险管理的评价结果；

（5）以往审计中发现的差异和漏洞。

二、分析程序的执行

分析程序一般包括下列基本内容：

（1）将当期信息与历史信息相比较，分析其波动情况及发展趋势；

（2）将当期信息与预测、计划或者预算信息相比较，并作差异分析；

（3）将当期信息与内部审计人员预期信息相比较，分析差异；

（4）将被审计单位信息与组织其他部门类似信息相比较，分析差异；

（5）将被审计单位信息与行业相关信息相比较，分析差异；

（6）对财务信息与非财务信息之间的关系、比率的计算与分析；

（7）对重要信息内部组成因素的关系、比率的计算与分析。

分析程序主要包括下列具体方法：

（1）比较分析；

（2）比率分析；

（3）结构分析；

（4）趋势分析；

（5）回归分析；

（6）其他技术方法。

内部审计人员可以根据审计目标和审计事项单独或者综合运用以上方法。

内部审计人员需要在审计计划阶段执行分析程序，以了解被审计事项的基本情况，确定审计重点。

内部审计人员需要在审计实施阶段执行分析程序，对业务活动、内部控制和风险管理进行审查，以获取审计证据。

内部审计人员需要在审计终结阶段执行分析程序，验证其他审计程序所得结论的合理性,以保证审计质量。

三、对分析程序结果的利用

内部审计人员应当考虑下列影响分析程序效率和效果的因素:
(1) 被审计事项的重要性;
(2) 内部控制、风险管理的适当性和有效性;
(3) 获取信息的便捷性和可靠性;
(4) 分析程序执行人员的专业素质;
(5) 分析程序操作的规范性。

内部审计人员执行分析程序发现差异时,应当采用下列方法对其进行调查和评价:
(1) 询问管理层获取其解释和答复;
(2) 实施必要的审计程序,确认管理层解释和答复的合理性与可靠性;
(3) 如果管理层没有作出恰当解释,应当扩大审计范围,执行其他审计程序,实施进一步审查,以便得出审计结论。

第五章　行政事业单位内部审计特点

行政事业单位内部审计是内部审计发展到一定阶段，在行政事业单位的兴起、应用和实践。内部审计对行政事业单位规避风险、增加价值、完善治理、实现目标等起着至关重要的作用。行政事业单位内部审计开展的时间较晚，但它的审计目标、审计对象和审计内容等都有自身的特点。本章通过开展相关比较和研究，可以正确把握行政事业单位内部审计的特点，从而更好地指导内部审计工作实践。

第一节　行政事业单位内部审计与外部审计比较

根据实施审计的主体不同，审计分为国家审计、社会审计和内部审计，相较于内部审计而言，国家审计和社会审计为外部审计。内部审计具有内生性、深入性、基础性、防范性等基本特征，就其性质来看，它是一种管理权的延伸，是一种组织内部的管理活动，在单位内部监督体系以及国家审计监督体系中都发挥着独特的基础性作用。因此，行政事业单位内部审计，既是行政事业单位监督体系中的重要组成部分，也是国家审计监督体系不可替代的组成部分。

一、行政事业单位内部审计的特点

(一) 内部审计的效率更高

行政事业单位内部审计是从内部出发,因此对单位的实际情况等更加了解,获得的信息也更加真实;由于内部审计的内生性及深入性,内部审计开展审计工作时,所需要的其他特殊支持成本也比较少,审计投入低,这就形成了高效率的特色;同时,内部审计能够更清晰客观地找出行政事业单位内部的问题和潜在的风险,更迅速、更直接地发现和解决问题,具有更高的内部效率。

(二) 内部审计覆盖范围更广

审计的机动性更强,覆盖的范围和阶段更广。由于内部审计深入行政事业单位内部活动的方方面面,取得的信息更加真实有效,审计的内容可以根据行政事业单位的特点,开展包括人、事、物、制度、流程等各方面的审计。同时,内部审计可以根据管理需要及风险情况开展审计项目各个阶段的审计,也可以开展包括事前、事中和事后的全过程审计,审计阶段更具灵活性和广度。

(三) 内部审计时效性更强

内部审计扎根于单位内部,能及时获取信息并能迅速作出反应,在单位其他部门进行经济活动的过程中,可随时实施监督、评价和建议的审计职能。通过审计业务的及时开展,为行政事业单位各项经济活动提供保障,保证经济活动的合规性、安全性和正当性等。对于单位内部违反法律规范的行为,能够及时地进行监督和纠正,起到预防性作用。

二、行政事业单位内部审计的作用

（一）内部审计是行政事业单位内部治理的基石

内部审计是行政事业单位内部治理结构的重要组成部分。内部审计通过全面审视管理体制和业务流程，帮行政事业单位有效提升治理，同时，内部审计还肩负着对内部控制运行有效性的监督和评价，是行政事业单位运转流畅、治理能力提升、绩效提高的重要保障。因此，内部审计是行政事业单位内部一项不可或缺的重要制度，是行政事业单位内部治理的基石。

（二）内部审计是行政事业单位风险管理的核心环节

按照审计风险理论，行政事业单位的管理风险是审计风险的首要因素。实践证明，行政事业单位内部控制制度健全、内审机构有效完备、经常性开展审计监督，违规腐败问题相应就较少，风险隐患也少。因此，内部审计具有的预防、揭示和抵御风险的"免疫系统"功能比外部审计更加强大和深入，是组织风险管理的核心环节。

（三）内部审计是行政事业单位改革和发展的"智囊团"

内部审计还能利用自己的专业性和独立性优势，开展调查、评估，提供可供管理高层使用的具有洞察性和前瞻性的观点，扮演"智囊团"角色。同时，内部审计能够及时发现组织运行和发展过程中的一些问题，提出改正和防范风险的建议，对一些组织管理者未能发现的和注意到的重要事项和方面提供及时客观的分析和评价，为组织的发展和改革提供支撑和参考。

三、内部审计与国家审计的区别和联系

（一）国家审计的基本概念

国家审计是国家审计机关依法开展的审计，履行审计职责所需的经

费由财政资金支持，由本级人民政府予以保证。国家审计具有权威性、强制性、专属性和广泛性的特点。国家审计的依据是《中华人民共和国审计法》和国家审计准则。国家审计机关有权就有关问题向相关单位和人员进行调查取证，并获得有关证明材料。相关单位和人员应当支持、协助国家审计工作，如实向审计机关反映情况，提供证明材料。

国家审计主要是对各级国家机关及所属部门财政财务收支的真实、合法及效益进行审计监督，对公共资金、国有资产、国有资源和领导干部履行经济责任情况进行审计，对领导干部进行自然资源资产离任审计，对国家有关重大政策措施贯彻落实情况进行跟踪审计。

（二）国家审计与内部审计关系的发展

我国改革开放后恢复审计制度时，国家审计力量不足，且国有经济占主导地位，因此，将内部审计定位为国家审计的基础和国家审计职能的延伸。《国务院批转审计署关于开展审计工作几个问题的请示的通知》（国发〔1983〕130号）提出"可根据工作需要建立内部审计机构，或配备审计人员，实行内部审计监督"，并明确"建立和健全部门、单位的内部审计，是搞好国家审计的基础"，内部审计只能处于从属和辅助的地位。

随着市场经济进一步发展和完善，各经济主体之间的利益更加密切，关系趋于复杂，更加注重各经济主体的相互监督和制约，"受托"经济尤显重要。因此，内部审计与国家审计的关系不断发生变化，内部审计的地位不断提高，审计范围不断扩大，这就决定了内部审计和国家审计不再是主从式协作关系，而应是平等式的协作关系。

国家审计要充分发挥国家审计对内部审计工作的指导监督作用，通过国家审计项目与内部审计人员充分沟通，及时了解、掌握内审工作的开展情况，指导、解决内部审计工作中遇到的问题。近几年来，各省审计厅与省内审协会组织开展一系列内审工作调查，逐步形成以国家审计为业务监督指导、以主管部门为业务监督管理、以单位内审机构实施审计监督的内审工作协作机制。

（三）内部审计与国家审计的区别

内部审计与国家审计有着密切的关系，内部审计要接受国家审计机关的业务指导，国家审计内容也可以委托内部审计进行监督。但两者在服务对象、审计目的、审计结果的法律效力等方面都存在差别。

1. 服务对象不同

内部审计是根据国家的要求和部门、单位内部的需要而设立的，在单位负责人领导下开展工作；国家审计则是应国家和经济发展的要求而建立的，受党委、政府主要负责人领导，在业务上受上级审计机关指导。

2. 独立性程度不同

内部审计机构作为单位、组织的内设机构，其独立性易受所处的地位和环境影响；国家审计由于具有独特的权威性和强制性，且与被审计单位不存在直接利益关系，其独立性较强。

3. 审计范围不同

内部审计可以对本单位、系统内各项经济活动进行经常性、深入性审计；国家审计可以对不同行业、不同部门的单位进行审计，但审计的范围及深入度较逊色于内部审计。

（四）内部审计与国家审计的联系

2014年，国务院印发《关于加强审计工作的意见》，对审计全覆盖进行了全面安排部署，强调加大审计资源统筹整合力度，充分发挥内部审计的作用。内部审计与国家审计的联系主要有如下几点。

1. 国家审计利用并认可内部审计的成果

一是落实国家审计对内部审计资料备案及成果运用的相关规定，审计机关在开展审计业务时，应积极评估被审单位内部审计工作的质量，有效利用内部审计工作的成果；二是国家审计在阅读内部审计报告或其他工作资料时，可以就内部审计已发现的问题，或是其他线索，进行更加深入的审计调查；三是国家审计对内部审计披露且已经整改的问题，不再报告和处理，以增强内部审计对本单位保护的显性作用，实现内部审计"激励相容"效果的有效发挥。

2. 国家审计指导和促进内部审计工作的开展

审计机关要开展专项检查，督促各单位将内部审计结果作为考核、任免、奖惩干部和相关决策的重要依据，彰显内部审计的效能，提升内部审计的必要性和权威性。国家审计机关出具的审计报告、审计意见及建议，特别是国家审计评价中关于内控的薄弱环节和风险点，内部审计要跟踪调查核实，利用国家审计发现的问题，确定审计方向，实施更加有效的内部审计和监管。

《审计署关于内部审计工作的规定》（2018年审计署令第11号）第二十三条规定，审计机关应当依法对内部审计工作进行业务指导和监督，明确内部职能机构和专职人员，并履行下列职责：

（1）起草有关内部审计工作的法规草案；

（2）制订有关内部审计工作的规章制度和规划；

（3）推动单位建立健全内部审计制度；

（4）指导内部审计统筹安排审计计划，突出审计重点；

（5）监督内部审计职责履行情况，检查内部审计业务质量；

（6）指导内部审计自律组织开展工作；

（7）法律、法规规定的其他职责。

第二十四条规定，审计机关可以通过业务培训、交流研讨等方式，加强对内部审计人员的业务指导。

3. 内部审计和国家审计建立资源共享机制

内部审计机构在制订内部审计计划时，应避免与国家审计工作重复，充分考虑到国家审计因素，尽量避免工作重复，保证最大限度地节约审计资源。内部审计要加强学习国家审计在审前检查、审计方案制定、审计取证、工作底稿编写、审计报告撰写、审计程序和审计方法等方面的经验。内部审计和国家审计共同建立成果信息共享机制,改善审计成果信息在掌握上的对称性,提升审计成果透明度和公信度。

四、内部审计与社会审计的区别和联系

(一) 社会审计的基本概念

从审计组织形式角度,把注册会计师和审计师组成的会计、审计咨询组织开展的审计业务,称为社会审计。它是随着商品经济的发展,由于财产所有权与财产经营权相分离形成的受托经济责任关系而产生的,是商品经济条件下社会经济监督机制的主要表现形式。在我国现阶段,社会审计业务的执业机构是会计师事务所,会计师事务所不附属于任何机构,在经济上实行自收自支、独立核算、自负盈亏、依法纳税。

社会审计是指会计师事务所接受委托,通过签订业务约定书,协商被审计范围和报酬,在该范围内对被审计单位委托的业务事项加以审计,目的是发现可能的财务造假行为、非效率行为、错误财务信息等,并将审计结果以审计报告的形式传递给委托人的过程。

(二) 内部审计和社会审计关系的发展

内部审计正将"风险管理审计""内部控制审计""绩效审计"等新的审计思维贯穿于单位管理各个环节,同时与各环节的专业管理密切协调,发挥着互动式的协同效应,并将审计成果转化为生产力,为单位的发展提供审计咨询和建议服务。因此,内部审计相对社会审计来说更具有挑战性,内部审计的范围远远超越财务收支和财务报告,涉及更为广泛的风险管理和经济效益审计。

随着经济职责理论的逐步完善,审计的内核功能也变得越来越丰富,新的审计职能陆续被开发出来,例如,内部审计的工作派生出了管理职能、控制职能等,社会审计派生出了治理职能。所以,当今时代下这两种审计都不是功能单一的审计方式,而是将多元功能有机结合到一

体的方法集合。这两种审计方式共同确保着单位的管理质量,分别代表着单位内部和外部两种立场的组织利益。这种内核相同、表现不同的关系是他们可以实现协同合作的重要原因。

(三) 社会审计与内部审计的区别

1. 审计的独立性程度不同

内部审计在组织、工作、经济等方面都受到本单位的制约,独立性程度存在局限性,只独立于被审单位,而不独立于审计委托人。社会审计作为外部审计具有很强的独立性,表现为双向独立,既独立于审计委托人,又独立于被审计单位。

2. 审计对象的范围不同

内部审计的审计对象和范围是重大经济决策活动和经营管理,目标是为单位内部的管理和决策提供参考。社会审计审查、监督受托承担的是社会性责任,主要是审核被审计单位财务报表的真实、完整,为相关利益人获取的信息提供保障。

3. 审计服务的对象和方式不同

内部审计的服务的主要对象为单位的管理层,社会审计的委托者主要是被审计单位以外的经济组织和个人。在服务方式上,社会审计主要是根据受托情况开展服务,通常是事后服务;而内部审计往往是常年性开展,包括事前服务、事中服务和事后服务。

4. 审计外部鉴证作用不同

内部审计是针对单位内部多层次的不同责任,出具的审计报告只能作为本单位改进工作的参考,一般不具有对外的鉴证作用。社会审计作为一种外部审计,它所针对的是整个单位的社会经济责任,出具的审计报告对外公布,具有法定的证明效力,起到鉴证作用。

总之,两种审计之间最核心的区别是其面向的服务对象不同:内部审计面向的是单位的高级管理人员,对单位的管理和发展决策提供实质性的参考;外部审计面向的客户是外部利益相关者,注重的是财务报表的真实性。

（四）社会审计与内部审计的联系

1. 社会审计和内部审计的方法相同

在进行财务审计时，两者的审计内容都包含了反映经济活动的会计资料，所依据的标准都为国家统一制定的会计准则和会计制度，在审计方法上都要评价内控制度，检查凭证、账册，核对账表一致性等。

2. 社会审计与内部审计都要进行风险评估

在适应经济业务复杂化和合理规避审计风险的要求下，注册会计师在接受审计委托前要对客户的固有风险特别是其中的经营风险进行评估。内部审计的主要职责之一就是评价和改善组织的风险管理和控制的有效性，完善的内部审计机制将极大地推动内部控制机制，防范风险。

3. 社会审计与内部审计的工作相互促进

社会审计人员在开展工作时，会对被审单位内部控制特别是内部审计工作中存在的问题提出改进建议，以支持内部审计工作，完善内部控制，为以后的审计工作提供更好的基础。此外，社会审计还可以根据工作需要利用内部审计的内部控制评审成果，以减少审计工作量，提高审计效率。

第二节　行政事业单位内部审计与企业内部审计比较

根据所服务的社会组织，我国的审计分为企业内部审计、行政事业单位内部审计和民间非营利组织内部审计。一般来说，企业以营利为目的；行政事业单位以经济和社会事业发展为目的；民间非营利组织不以营利为目的，服务其组织目标。由于不同的社会组织目的的不同，因此，其内部审计也各有不同。本节主要讨论行政事业单位内部审计与企业内部审计的异同。

一、审计重点存在差异

行政事业单位"公共性"的特征,使企业内部审计和行政事业单位内部审计重点有所不同。行政事业单位"公共性"主要强调政府经济资源被限定用于特定的活动或目的,确保其财务资源的使用能有效地达到相应的公共目的。因此,行政事业单位审计的重点内容之一就是检查财政资金的使用渠道和使用方向,是否完成所应承担的公共性责任义务等。

二、审计目标存在差异

行政事业单位具有"非营利性",主要是为社会提供公共产品和公共服务。在提供这些公共产品或公共服务时,并不考虑成本能否从其收费中得到补偿,或者费用的支付者是否从中受益。因此,行政事业单位内部审计和企业内部审计的目标不完全一致,行政事业单位的内部审计并不完全重视经济效益,而是更加重视实现的公共绩效。

三、审计制度基础存在差异

由于行政事业单位和企业有各自遵循的法律法规制度,因此,审计时所参照的制度基础存在差异。例如,政府会计的预算会计实行收付实现制,财务会计实行权责发生制,而企业会计核算基础是以权责发生制为主,因此,内部审计开展工作时,行政事业单位和企业所遵守的会计核算基础不同。例如,行政事业单位开展基本建设实施的是审批制,而不同的企业开展基本建设是审批制还是备案制,就需要具体问题具体分析。

四、内部控制目标不同

企业内部控制目标是合理保证企业经营管理合法合规、资产安全、财务报告及相关信息真实完整,提高经营效率及效果,促进企业实现发展战略。行政事业单位内部控制目标是合理保证单位经济活动合法合规,合理保证单位资产安全和使用有效,合理保证单位财务信息真实完整,有效防范舞弊和预防腐败,提高公共服务的效率及效果。行政事业单位更加强调防范舞弊和预防腐败,强调提高公共服务的效率和效果。因为内部控制的目标不同,就要求在执行行政事业单位内部审计时的审计内容、审计方式、审计范围、参考标准等都要有所侧重。

第三节 行政事业单位内部审计机构及人员

《审计署关于内部审计工作的规定》(审计署令第11号)明确规定:单位应当依照有关法律法规、本规定和内部审计职业规范,结合本单位实际情况,建立健全内部审计制度,明确内部审计工作的领导体制、职责权限、人员配备、经费保障、审计结果运用和责任追究等。

内部审计机构和内部审计人员从事内部审计工作,应当严格遵守有关法律法规、本规定和内部审计职业规范,忠于职守,做到独立、客观、公正、保密。内部审计机构和内部审计人员不得参与可能影响独立、客观履行审计职责的工作。

由此可以看出,行政事业单位内部审计机构在本单位党组织、主要负责人的直接领导下,依照国家法律、法规和政策,以及本部门、本单位的规章制度,对本单位及所属单位的财政、财务收支及其经济效益进行内部审计监督,独立行使内部审计监督权,对本单位领导负责并报告工作。

一、行政事业单位内部审计机构设置情况

(一) 行政事业单位内部审计机构设置的原则

1. 独立性原则

《基本准则》第六条规定:内部审计机构和内部审计人员应当保持独立性和客观性,不得负责被审计单位的业务活动、内部控制和风险管理的决策与执行。

所谓独立性,就是要保证内部审计机构在机构设置、人员配备、经费保障、业务开展等方面在行政事业单位内部保持相对的独立性。内部审计部门及人员应该是专门从事审计工作的专职机构和人员,完全置身于其他具体的业务活动之外,而不应作为单位财务部门或其他业务部门的附设机构,否则将难以保证审计业务实施及审计结果的客观公正。因此,独立性原则是内部审计机构设置和内部审计业务有效开展的基础性前提。

为确保内部审计的独立性,根据审计署内部审计规定以及中国内部审计准则的相关规定,国家机关、事业单位、社会团体等单位的内部审计机构或者履行内部审计职责的内设机构,应当在本单位党组织、主要负责人的直接领导下开展内部审计工作,向其负责并报告工作,以确保内部审计活动不受组织内其他部门的干涉和限制;内部审计机构应向单位主要负责人提交审计报告及工作报告,并在日常工作中与其保持有效的沟通;内部审计负责人有权出席或者参加单位举办的与审计、财务报告、内部控制、治理制度等有关的会议,并积极发挥内部审计的有效性。

2. 权威性原则

权威性,是指内部审计机构和人员在开展内部审计工作中,所具有

的地位、威望和话语权的体现。内部审计设置的组织地位和设置层次越高，审计人员的专业水准越高，审计的权威性就越大，内部审计发挥的作用也就越充分。

强调内部审计权威性的意义在于：只有保证内部审计的权威性，才能从根本上保证内部审计的独立性，才能合理地保证内部审计的公正、客观。权威性和独立性的提高也为内部审计人员卓有成效地履行其职责、发挥内部审计的作用提供了条件。只有保证内部审计的权威性，才能保证各业务部门对内部审计人员所提供的审计报告中的问题和建议给予合理、正确的分析及判断，并及时采取改进措施。另外，内部审计机构的权威性与授权主体在行政事业单位中的组织地位密切相关。授权主体所处的层次越高，权威性也就越高。因此，行政事业单位内部审计由单位主要负责人领导能最大限度地实现其权威性。当然，内部审计机构也应通过科学严谨的审计成果，以及为单位内部提供咨询，对内部控制与管理提出意见、建议而取得的成效来增强自身的权威性。

为确保审计部门的权威性，首先，内部审计机构的设置必须独立于各职能部门，内部审计人员开展工作时，必须保持独立且能够得到单位主要负责人及管理层的充分支持；其次，需要提高单位对内部审计的重视程度以及加强对审计人员的配备，只有配备专业素养高、道德水准高、综合能力强的人员才能保证内部审计工作的高质量开展；最后，还要看审计工作开展的力度和效果，以及审计成果的运用情况，审计部门只有具备了深入发现问题和解决问题的能力，才能在本单位具有权威性。

3. 适应性原则

《内部审计基本准则》第四条规定：组织应当设置与其目标、性质、规模、治理结构等相适应的内部审计机构，并配备具有相应资格的内部审计人员。

所谓适应性，就是行政事业单位在设置内部审计机构时，应当结合自身规模、治理结构特点等方面因素，选择适当的设置模式。根据代理理论，内部审计能够约束委托人和代理人之间的契约关系，而且内部审计可以帮助委托人解决信息不对称的问题，监督代理人的行为。规模大小不同的行政事业单位，其内部信息沟通环境的复杂程度也有所不同，对于内部审计的需求程度有很大区别。所以，内部审计机构的设置形式也就不尽相同，与本单位的情况相适应就是最好的选择。

（二）行政事业单位内部审计机构设立的现状

行政事业单位已经越来越重视内部审计所发挥的巨大作用，但在实际工作中，由于受规模、编制及性质等方面的影响，行政事业单位的机构设置情况具体分为以下几类：一是设立了独立的审计机构；二是虽设置了内审机构，但与财务部门是两块牌子一班人马，既是执行者又是监督者；三是设置了内审机构，但与纪委监察合署办公，审计职能未能充分体现；四是没有审计机构，办公室等部门承担部分微弱的审计职能。

伴随着外部压力推动、国家要求以及内部激励的拉动，内部审计在行政事业单位的重要性程度越来越高，单独设立审计部门的行政事业单位正在增多，同时内部审计机构的独立性也在不断提升。内部审计部门逐渐由财务部门的内设机构或者与纪委监察部门合署办公的机构，逐渐演变为独立的职能部门；内部审计的工作范围在不断扩展，逐渐由早期的财务审计扩展到更大范围的各类审计；内部审计的人员素质和投入的财力也在不断增加。

（三）行政事业单位内部审计机构设立的必要性

首先，行政事业单位同其他单位一样，单位内部的管理、控制机制等方面存在一定的缺陷，进而给行政事业单位带来消极影响，如容易导致内部规范的落实不充分、控制被突破等。对于这些影响，独立性内部审计能够规范和监督内部控制和机制，保证内部控制方向的合理性。

其次，行政事业单位中的经济活动本身就具有法律、市场等方面的风险，而参与经济活动的工作人员不遵守单位规章或法律的行为也会导致潜在的风险，影响行政事业单位经济行为的合法性、效益。内部审计通过独立性，保持信息安全准确，为资产安全、经济活动规范提供保障。

（四）行政事业单位内部审计机构设立的建议

建议行政事业单位在条件允许时，尽可能设置独立的内部审计机构。因为要发挥内部审计的作用，就必须保障内部审计工作的独立性。无论是开展内部审计工作的机构或者人员，还是整个内部审计工作的过程和结论，都要保持独立性。通过独立性的实现，一方面可以保持内部审计的权威地位，加强落实对内监督，避免监督流于形式；另一方面，也能够通过独立行使职权使审计工作顺利进行，从而减少审计过程中的阻碍。保持审计独立性，能够加强审计人员在整个审计过程中的客观以及审计结论的真实性，并为管理、决策提供真实的参考基础。

二、行政事业单位内部审计人员的配置

《审计署关于内部审计工作的规定》（2018 年）中明确：内部审计人员应当具备从事审计工作所需要的专业能力。单位应当严格制定内部审计人员录用标准，支持和保障内部审计机构通过多种途径开展继续教育，提高内部审计人员的职业胜任能力。

内部审计机构负责人应当具备审计、会计、经济、法律或者管理等工作背景。

内部审计机构应当根据工作需要，合理配备内部审计人员。除涉密事项外，可以根据内部审计工作需要向社会购买审计服务，并对采用的审计结果负责。

（一）行政事业单位内部审计人员配置的现状

在目前行政事业单位中，开展内部审计相关工作人员的专业素质有

待提高。由于单位对内部审计独立性的重视程度不够以及机构设置不独立等问题,部分内部审计人员是由单位其他部门工作人员兼任,有些审计人员本身的专业水平没有达到单位审计监督的能力水平。

部分行政事业单位设置了独立的内部审计机构,但是内部审计人员的配置以财务会计为主,懂工程、会利用信息化技术开展审计工作的人员短缺,复合型人才较少;同时,对于内部审计人员的培训力度不够,审计人员的专业素养得不到持续提升,且内部审计人员数量与全面审计、事前审计、精细化审计之间存在较大差距。

此外,从总体上看,行政事业单位内部审计工作的普遍特点是人员数量较少,而对应的相关经济活动、审计工作的过程是复杂的,任务数量多、内容广,这些工作人员要高水平完成审计工作具有一定的难度。

(二)行政事业单位内部审计人员配置的要求

行政事业单位在发展过程中,不能忽略内部审计人员的作用,个别内部审计人员因为职业道德缺失或者自身水平不足,未能利用专业知识和精准的职业判断发现单位财务或者业务信息的错误和问题,从而导致行政事业单位资产流失或运行出现问题。因此,行政事业单位配备具有良好素养的审计人员是非常必要的。

内部审计人员首先要具备较高的职业道德和职业素养,能从宏观管理上为行政事业单位把关;其次,需要配备复合型人才,或者配备知识结构互补的审计人员,使得审计队伍专业水平比较全面;再次,通过创建学习型组织持续提高审计专业技能,加强审计人员的学习和培训,更好发挥审计的监督和服务职能;最后,通过创建风清气正的审计环境,强化职业道德建设,加强审计人员廉政教育。

第六章 行政事业单位内部审计实施

第一节 行政事业单位内部审计目标

行政事业单位内部审计目标是指行政事业单位内部审计要达到的目的，行政事业单位内部审计机构和审计人员履行审计职责的过程就是实现审计目标的过程。行政事业单位内部审计目标包括宏观和微观两个层面，宏观层面为总体审计目标，微观层面为具体审计目标。

一、行政事业单位内部审计总体审计目标

行政事业单位内部审计的总体审计目标是从行政事业单位全局角度界定的审计目标，是审计工作的总体要求。总体审计目标在内部审计目标体系中具有导向作用，是具体目标的抽象与概况，决定具体目标的内容并检验其实现程度，总体审计目标是宏观的、长远的。

2018年3月起执行的《审计署关于内部审计工作的规定》第三条明确了内部审计定义，即"本规定所称内部审计，是指对本单位及所属单位财政财务收支、经济活动、内部控制、风险管理实施独立、客观的监督、评价和建议，以促进单位完善治理、实现目标的活动"，与原定义相较，增加了"建议"职能，将监督范围拓展至内部控制、风险管理领域，将内部审计目标定位为"促进单位完善治理、实现目标"。内部审计部门作为行政事业单位的一个重要部门，其工作的总体目标应当促进组织内

各单位各职能部门协调发挥作用，从而有助于单位战略目标的实现。

二、行政事业单位内部审计具体目标

具体目标也叫项目目标，是在总体目标的规范下，在审计项目中应达到的具体要求，是总体目标在审计项目中的具体化，在审计目标体系中处于基础性地位，是对审计实践活动最直接的要求。结合行政事业单位内部审计的总体目标，内部审计的具体目标应当包括以下几个方面。

1. 保障财政财务收支的真实合法性

财政财务收支审计是行政事业单位内部审计部门最基本、最传统的职能，具体体现在以下几个方面的查错防弊。第一，财务收支要符合相关法律法规的规定，严禁任何违规违纪的收支。第二，防止和发现单位内部串通舞弊、侵占单位财产、财务造假等行为的发生。第三，发现并阻止管理层作出违背组织利益的行为，如重大收支未经相关会议审议、超标准装修和配置办公家具、未按规定履行招投标手续、不履职尽责等。第四，保障财务报告符合相关规定，以及财务报告的真实性。

2. 维护国有资产的安全完整性

行政事业单位的资产为国有资产，内部审计的实质是受托责任，最基本的职责应该是保障受托财产的安全和完整。在受托责任关系中，委托人需要了解受托的财产和权力的使用情况，因此委托人委派审计人员应就受托人对其所负责的国有资产的购置、使用和管理情况作出评价。

3. 保障经费使用的效益效率性

行政事业单位的资源是有限的，其经费来源主渠道是财政拨款，因此经费的使用效益和效率应当遵循国家的相关规定，无绩效不预算，无预算不支出，花钱必问效，无效必问责。内部审计部门作为组织的一个部分，非常明确组织的战略目标，可以利用绩效审计，明确组织管理的问题，从而有助于实现组织资源的最优化配置，提高组织的经营管理效率、效果。

4. 保障组织内部控制和风险管理的适当性和有效性

对组织内部控制和风险管理的适当性和有效性进行评价，是近年来赋予内部审计的一项新职能，凸显了内部审计在组织中的地位越来越重要。

三、行政事业单位内部审计目标的特点

行政事业单位内部审计的目标是指行政事业单位开展内部审计所要达到的效果和目的。一般而言，行政事业单位内部审计的目标和单位的总体目标一致；具体而言，行政事业单位内部审计的目标就是促进单位完善治理、实现单位总体目标。

内部审计、国家审计的目标虽然有所不同，但是同样都会对加强组织内部管理和查错防弊方面起到积极的促进作用。以审促改，以审促管，以审促建，充分发挥对审计结果的应用，也应是审计的最终目标。

第二节　行政事业单位内部审计策略

审计策略是指审计谋略、审计艺术、审计方式，是用以确定审计目的、范围、时间安排、质量要求和审计方法项目统筹等事项的安排，并指导制订具体审计计划。

总体审计策略主要包括：审计范围、时间安排及审计沟通、审计方向、审计资源配置等。

一、确定审计范围

行政事业单位内部审计在制定总体审计策略、确定审计范围时，应考虑以下因素：

1. 按照《审计署关于内部审计工作的规定》，确定哪些事项属于本

单位（系统）的审计范围，每个审计事项中属于本单位审计范围的内容有哪些。例如，本单位及所属单位无境外机构、境外资产和境外经济活动的，则不需要开展相关审计工作；对教育部门来说，贯彻落实国家重大政策措施情况内部审计工作应主要围绕教育方面重大政策措施落实情况开展。

2. 本年度审计项目内容和方式，是专项审计还是"一审多果"的综合审计。例如，将固定资产投资项目审计与经济管理和效益情况审计、内部控制及风险管理情况审计统筹安排，审计范围不仅包括该项固定资产投资项目的建设（购置）、使用、管理、处置的情况，还需要与审计期间内所有固定资产投资项目、同期同行业同部门的情况进行比较，比固定资产投资专项审计范围要广。

3. 审计项目适用的政策法律、财经制度和财务报告编制基础等。例如，对贯彻落实国家重大政策措施情况、对自然资源资产管理和生态环境保护责任履行情况的审计需要确定相关法律法规依据，甚至是重要的会议精神、会议决定等；对境外机构、境外资产和境外经济活动的审计要确定适用的会计制度，外币交易的会计处理和外币折算相关信息等。

4. 预期审计工作涵盖的范围，包括应涵盖的组成部分的数量和所在地点；拟审计的各个组成部分的业务复杂程度，是否需要具备专门知识；本单位与所属单位之间控制关系的性质，包括人事、财务、资产等方面的隶属关系。例如，开展领导人员履行经济责任情况审计，需要确定检查的直属部门、所属单位的数量，确定延伸审计的范围等。

5. 信息技术对审计程序的影响，包括数据的可获得性和对使用计算机辅助审计技术的预期。

6. 以前审计情况及整改情况，包括以前的内、外部审计结论及审计整改情况。对于审计问题高发领域、尚未整改到位的事项，应考虑将其纳入相关审计项目范围。

二、安排审计时间

审计时间安排包括审计项目准备时间、实施起止时间、与管理层沟通时间、出具审计报告时间等各个重要环节时间节点的安排。审计时间安排要充分考虑以下因素。

1. 审计项目的复杂程度。审计项目越复杂，涉及审计范围越广泛，需要安排的时间越长。如部门领导干部的经济责任审计与年度财政财务收支审计相比，审计范围广、期限长，业务更为复杂，需要安排较长的审计时间，与管理层沟通次数应不止一次。

2. 评估的重大错报风险。对审计事项开展重大错报风险评估，对重要领域、敏感领域和易出错领域相对安排较长的审计准备和实施时间。

3. 审计人员的专业素质和胜任能力。受审计资源限制，分配到各领域的审计人员的专业素质和胜任能力不尽相同，对专业素质高、能力强的审计人员实施的审计项目，各环节时间安排应更为紧凑。

4. 管理层对审计工作的要求。审计时间安排要充分考虑管理层的意见，在审计准备阶段、实施阶段和报告阶段，应与管理层充分探讨和沟通审计工作要求和时间安排，合理分配审计资源，明确各个环节完成时间，确保及时提交审计结果。

三、确定审计方向

审计方向是在确定的审计范围中，为更好地实现审计目标所确定的重要审计事项或重点审计内容，确定审计方向应重点考虑错报风险较高领域、内控评价结果和重大变化领域等，具体包括如下几个方面。

1. 开展重要性评估。具体包括确定审计项目的整体重要性；确定审计事项组成部分的重要性；在审计过程中，根据审计发现重新考虑重要性；识别重要的审计事项组成部分和重要账户、资金余额。

2. 确定重大错报风险较高的领域。例如，开展国家重大政策贯彻落实情况审计、自然资源资产管理和生态环境保护责任履行情况等审计中，国家政策要求的各个领域均不得出现违法违规问题。

3. 评估重大错报风险、高风险领域对安排审计工作指导、监督、质量复核等方面的影响。

4. 审计组成员在收集和评价审计证据时，必须保持审慎的职业怀疑态度，尤其是在高风险领域，必须获取充分、有效的审计证据。

5. 内控方面考虑以往审计对内部控制运行有效性的评价结果。包括所识别的控制缺陷及应对措施；内部控制重要性重视程度，管理层重视内部控制设计、实施的相关证据；基于审计效率考虑是否依赖相关内部控制。

6. 关注重点变化领域。随着行政事业单位机构改革的深化，行政事业单位及所属单位的性质、机构设置、职能可能会发生变化，审计采用的政策法规、会计制度也需要随之改变；关注本部门（系统）主要负责人和关键部门领导的变化，尤其是特殊变化，如因被纪检、监察等部门调查、立案而撤换的，或出现意外死亡等情况，其对应管理的领域应作为重点审计内容；考虑重要外部环境变化带来的影响，例如，社会聚焦的领域、媒体报道的事项等都应作为重点审计内容。

四、配置审计资源

1. 向具体审计领域调配的资源情况，包括向高风险领域分配有相关工作经验的审计组成员，对复杂问题利用外部专家工作等。

2. 向具体审计领域分配资源的多少，包括分配到重要现场实地检查的成员人数和专业结构，向高风险领域分配的审计时间预算等。

3. 调配审计资源的时间，包括确定是在期中审计阶段，还是在关键截止日调配审计资源等。

4. 管理、指导、监督审计资源情况，包括确定何时召开审前培训、审计组会议，审计事项复核和审计项目质量控制程序等。

综上所述，行政事业单位内部审计的总体审计策略的制定应当包括：

（1）确定审计项目的特征，包括采用的政策法规、会计准则和相关会计制度、特定行业的报告要求以及被审计单位组成部分的分布等，以界定审计范围。

（2）明确审计项目报告要求，以便安排审计时间、与管理层沟通等事项，包括审计准备、实施的时间，提交审计报告的时间要求，与管理层沟通的重要日期等。

（3）考虑影响审计业务的重要因素，以确定项目组工作方向，包括确定适当的重要性水平，初步识别可能存在较高的重大错报风险的领域，初步识别重要的组成部分和账户余额，评价是否需要针对内部控制的有效性获取审计证据，识别被审计单位、所处行业、财务报告要求及其他相关方面最近发生的重大变化等。

第三节　行政事业单位内部审计程序

审计程序是指国家规定的内部审计机构处理审计工作必须进行的步骤，由法律确认，具有法律效力。根据《审计署关于内部审计工作的规定》第十六条"内部审计的实施程序，应当依照内部审计职业规范和本单位的相关规定执行"，一般来说，行政事业单位内部审计程序包括审前准备、审计实施、审计报告以及审计成果运用四个部分。

一、审前准备阶段

审前准备工作内容包括编制年度审计计划、编制项目审计实施方案、审前调查、审计通知书和审计公示等。本部分主要介绍行政事业单位编制年度审计计划和送达审计通知书两个内容。

（一）编制年度审计计划

行政事业单位年度审计计划必须通过单位党组织、主要负责人的批准，或者成立审计委员会的行政事业单位，年度审计计划必须经审计委员会审议通过。根据中央审计委员会第一次会议精神以及《审计署关于内部审计工作的规定》，行政事业单位内部审计机构或者履行内部审计职责的内设机构，应当在本单位党组织、主要负责人的直接领导下开展内部审计工作，向其负责并报告工作。《教育系统内部审计工作规定》明确规定：单位可以根据工作需要成立审计委员会，加强党对审计工作的领导，负责部署内部审计工作，审议年度审计工作报告，研究制订内部审计改革方案、重大政策和发展战略，审议决策内部审计重大事项等。

（二）送达审计通知书

审计通知书应当包括下列内容：审计项目名称；被审计单位名称或者被审计人员姓名；审计范围和审计内容；审计时间；需要被审计单位提供的资料及其他必要的协助要求；审计组组长及审计组成员名单；内部审计机构的印章和签发日期。

内部审计机构应当在实施审计三日前，向被审计单位或者被审计人员送达审计通知书，做好审计准备工作。开展特殊审计业务的审计通知书可以在实施审计时送达。审计通知书送达被审计单位，必要时可以抄送组织内部相关部门。经济责任审计项目的审计通知书送达被审计人员及其所在单位，并抄送有关部门。

二、审计实施阶段

审计实施工作主要内容包括审计进点的会谈与初步沟通、内部控制的健全性和有效性测试、审计证据、审计工作底稿、结果沟通等。本部分主要介绍行政事业单位审计证据以及审计工作底稿两个方面的内容。

（一）审计证据

审计证据主要包括下列种类：书面证据、实物证据、视听证据、电子证据、口头证据、环境证据。

内部审计人员获取的审计证据应当具备相关性、可靠性和充分性。相关性，即审计证据与审计事项及其具体审计目标之间具有实质性联系；可靠性，即审计证据真实、可信；充分性，即审计证据在数量上足以支持审计结论、意见和建议。内部审计人员应当对获取的审计证据进行分类、筛选和汇总，保证审计证据的相关性、可靠性和充分性。

内部审计人员在获取审计证据时，应当考虑下列基本因素：

（1）具体审计事项的重要性。内部审计人员应当从数量和性质两个方面判断审计事项的重要性，以作出获取审计证据的决策。

（2）可以接受的审计风险水平。证据的充分性与审计风险水平密切相关。可以接受的审计风险水平越低，所需证据的数量越多。

（3）成本与效益的合理程度。获取审计证据应当考虑成本与效益的对比，但对于重要审计事项，不应当将审计成本的高低作为减少必要审计程序的理由。

（4）适当的审计抽样方法。内部审计人员应当将获取的审计证据名称、来源、内容、时间等完整、清晰地记录于审计工作底稿中。采集被审计单位电子数据作为审计证据的，内部审计人员应当记录电子数据的采集和处理过程。内部审计机构可以聘请其他专业机构或者人员对审计项目的某些特殊问题进行鉴定，并将鉴定结论作为审计证据。内部审计人员应当对所引用鉴定结论的可靠性负责。

对于被审计单位有异议的审计证据，内部审计人员应当进一步核实。

内部审计人员获取的审计证据，如有必要，应当由证据提供者签名或者盖章。如果证据提供者拒绝签名或者盖章，内部审计人员应当注明原因和日期。

（二）审计工作底稿

一般来说，审计工作底稿应包括以下基本内容：被审计单位名称；审计项目名称；审计项目时间或期间；审计过程记录；审计结论；审计标识及说明；索引号及页次；编制者姓名及编制日期；复核者姓名及复核日期；其他应说明事项。

审计工作底稿一般分为综合类、业务类和备查类三种。

1. 综合类。一般是在审计计划阶段和报告阶段，对于审计工作的计划、实施、总结和审计意见形成所做的工作底稿，包括审计业务约定书、审计计划、审计总结、未审计会计报表、审计差异调整表、审计报告、管理建议、被审计单位有关承诺和说明、审计工作管理组织的所有记录和资料等。

2. 业务类。是在审计实施阶段，为执行具体审计程序所形成的审计工作底稿，包括问题调查表、流程图、项目明细表、资产盘点表、询证函、业务处理凭证证明等。

3. 备查类。是在审计过程中形成的、对审计工作具有备查作用的审计工作底稿，包括单位设立批准、法人证书、项目审批书、合同、协议、章程、组织机构图、会议记录及纪要、内控制度等。通常备查类审计工作底稿按照实际需要编制，并对文件资料的来源做准确记录。

审计工作底稿应当内容完整、记录清晰、结论明确，客观地反映项目审计方案的编制和实施情况，以及与形成审计结论、意见和建议有关的所有重要事项。

由于审计工作底稿往往由审计人员按照自己承担的审计事项编制，难免在资料引用、专业判断和分类计算方面出现误差。因此，对已经编制完成的底稿，应由比底稿编制人员职位更高或经验更为丰富的人员负责复核，保证审计意见的正确性和规范性。根据审计业务和审计工作人员设置，工作底稿的复核一般应坚持三级复核制度，具体如下：

1. 第一级为详细复核，由副主审（或组长指定的人员），对审计人员编制的审计工作底稿逐张进行复核，主要是按照准则的规范要求，发现问题，及时修正。

2. 第二级为一般复核，由主审（或组长指定的人员），在详细复核的基础上对底稿中重要的审计事项、审计程序、实施情况、审计调整事项和审计结论进行复核，也是对一级复核的监督检查。

3. 第三级为重点复核，是由组长在一般复核的基础上，对审计过程中的重大会计问题、重大审计调整事项和重要审计底稿进行复核，是对详细复核的二次检查监督，也是对一般复核的监督，使整个审计工作的计划、进度、实施和质量复核审计准则的要求。

复核过程如果发现底稿存在问题，复核人员应当在复核意见中加以说明，并要求相关人员补充或者修改完善。此外，审计项目负责人要加强对审计工作底稿的现场复核工作，保证工作底稿的质量。

完成三级复核的审计工作底稿可以作为审计结论的基础，需要分类管理，全部完整归档。

三、审计报告阶段

审计报告工作主要包括形成审计征求意见稿，征求反馈意见，对审计报告修改，报领导审定，形成审计报告，下达审计报告、审计决定和审计整改通知。本部分主要介绍审计结果沟通和审计报告两方面内容。

（一）审计结果沟通

审计结果沟通主要包括下列内容：审计概况、审计依据、审计发现、审计结论、审计意见、审计建议。

如果被审计单位对审计结果有异议，审计项目负责人及相关人员应当进行核实和答复。内部审计机构负责人应当与组织适当管理层就审计过程中发现的重大问题及时进行沟通。

(二) 审计报告

行政事业单位内部审计机构出具的审计报告，其主要使用者是行政事业单位管理当局和被审计单位，鉴于内部审计机构在行政事业单位内部的相对独立性和客观性，以及基于内部审计机构对本单位情况的了解而有针对性地选择审计项目，内部审计报告在促进行政事业单位提高管理水平、完善内部控制、强化风险管理、促进党风廉政建设、提高资金使用效益、确保国有资产安全完整与保值增值等方面具有十分重要的意义和作用。

审计报告的正文主要包括下列内容：

(1) 审计概况，包括审计目标、审计范围、审计内容及重点、审计方法、审计程序及审计时间等；

(2) 审计依据，即实施审计所依据的相关法律法规、内部审计准则等规定；

(3) 审计发现，即对被审计单位的业务活动、内部控制和风险管理实施审计过程中所发现的主要问题的事实；

(4) 审计结论，即根据已查明的事实，对被审计单位业务活动、内部控制和风险管理所作的评价；

(5) 审计意见，即针对审计发现的主要问题提出的处理意见；

(6) 审计建议，即针对审计发现的主要问题，提出的改善业务活动、内部控制和风险管理的建议。

行政事业单位内部审计机构应建立审计报告分级复核制度，以确保审计报告质量。审计报告应从形式和内容两方面进行复核：

(1) 形式复核：包括审计项目名称、项目概述是否准确；被审计单位名称、收件人准确性；审计日期；页码；正文中引用附件号与附件名称是否一致；复核程序；是否征求过被审计单位（人）的意见。

(2) 内容复核：背景等概况的表述是否准确、表达是否适当；审计范围、目标、重点等表述是否明确全面；审计发现的问题表述是否清楚，证据是否充分，法规引用是否准确恰当；审计结论表述是否准确；审计评价是否客观公允；审计建议是否中肯、切中要点并可行。

审计程序完成后，审计项目组主审人员应及时草拟审计报告，经组长复核后形成审计报告初稿，并据此与被审计单位进行结果沟通，征求被审计对象的意见，并要求其在规定期限内，把对审计报告的意见以书面形式反馈审计组，若逾期未提出书面意见，则视为没有意见。

对被审计对象反馈的意见，审计组应进一步核实情况，必要时应对审计报告加以修改。修改后的审计报告应连同被审计对象反馈的意见一并报送内部审计机构负责人进行复核和签发。

经签发的审计报告，应及时提交被审计对象和相关单位及相关领导，并要求被审计对象在规定期限内，对审计报告中指出的问题、提出的意见或建议采取措施加以整改落实，内部审计机构有权对整改落实情况进行督促、检查、实施后续审计，行政事业单位负责人应予以支持，以确保内部审计工作收到实效。

四、审计成果运用阶段

审计成果运用主要是要求被审计单位在一定时限内对审计报告中发现的问题和建议作出整改和书面回复。审计人员也可根据职业判断，针对被审计单位以外的其他部门是否也存在相同问题开展审计工作，检查其是否也开展了同步后续审计。

行政事业单位应当建立健全审计发现问题整改机制，明确被审计单位主要负责人为整改第一责任人，完善审计整改结果报告制度、审计整改情况跟踪检查制度、审计整改约谈制度，推动审计发现问题的整改落实。

行政事业单位应当建立健全审计结果及整改情况在一定范围内公开制度。单位应当对审计发现的典型性、普遍性问题，及时分析研究，制定和完善相关管理制度,建立健全内部控制措施;对审计发现的倾向性问题,开展审计调查,出具审计管理建议书,为科学决策提供建议。单位应当加强内部审计机构、纪检监察、巡视巡察、组织人事等内部监督力量的协作配合,建立信息共享、结果共用、重要事项共同实施、整改问责共同落实等工作机制。单位应当将内部审计结果及整改情况作为相关决策、预算安排、干部考核、人事任免和奖惩的重要依据。

对内部审计发现的重大违纪违法问题线索,在向本单位党组织、主要负责人报告的同时,应当及时向上一级内部审计机构报告,并按照管辖权限依法依规及时移送纪检监察机关、司法机关。

第二篇

实务篇

第七章 落实国家重大政策措施情况审计

第一节 概述

一、贯彻落实国家重大政策措施情况跟踪审计的背景、目的和意义

(一) 什么是贯彻落实国家重大政策措施情况跟踪审计

贯彻落实国家重大政策措施情况跟踪审计,是指审计机关依法对各地区、各部门贯彻落实国家重大政策措施和宏观调控部署情况,主要是贯彻落实的具体部署、执行进度、实际效果等进行监督检查。通过审计,揭示政策措施贯彻落实中存在的突出问题,揭示总结改革发展中的创新举措和取得的成效,推动中央和地方各级党委、政府重大决策部署落实到位,促进政令畅通和经济平稳运行、健康发展。

(二) 审计机关开展贯彻落实国家重大政策措施情况跟踪审计的背景

近年来,党中央、国务院对政策跟踪审计越来越重视,要求也逐步提高。《国务院关于加强审计工作的意见》(国发〔2014〕48号)强调,要"持续组织对国家重大政策措施和宏观调控部署落实情况的跟踪审计,着力监督检查各地区、各部门落实稳增长、促改革、调结构、惠民生、防风险等政策措施的具体部署、执行进度、实际效果等情况",这为开展国家重大政策措施落实情况跟踪审计指明了工作方向。为了全面贯彻落实《国务院关于加强审计工作的意见》要求,2015 年,审计署办公厅印发了《国家重大政策措施和宏观调控部署落实情况跟踪审计实施意见(试行)》,为规范国家重大政策措施和宏观调控部署落实情况的跟踪审计工作,建立健全跟踪审计的长效机制,提升跟踪审计质量提供了制度化保障。2018 年 5 月,中央审计委员会第一次会议提出,要拓展审计监督广度和深度,消除监督盲区,加大对党中央重大政策措施贯彻落实情况的跟踪审计力度。2019 年 6 月,中央审计委员会印发《关于深入推进审计全覆盖的指导意见》的通知,重大政策措施贯彻落实情况跟踪审计被列为审计全覆盖重点任务之一。2019 年 7 月,中央办公厅、国务院办公厅印发《党政主要领导干部和国有企事业单位主要领导人员经济责任审计规定》,将"贯彻执行党和国家经济方针政策、决策部署情况"作为一项重要审计内容纳入主要领导干部和领导人员经济责任审计。

(三) 开展政策落实情况跟踪审计的目的和意义

开展政策落实情况跟踪审计的目的,主要是通过揭示重大政策措施和宏观调控部署贯彻落实中存在的问题,分析问题产生的原因,推动国家重大决策部署和政策措施落实到位,促进政策落地生根和不断完善。同时,关注经济社会发展过程中出现的新情况、新问题,有针对性地提出对策建议,保障经济社会平稳健康运行。

开展政策落实情况跟踪审计的意义在于,通过审计,发现和纠正各地区、各部门、各单位在贯彻落实国家重大政策措施过程中的不到位、不正确问题,从而确保国家重大政策措施得到全面贯彻、能够落地生根;根据执行情况和效果,找出政策本身存在的不合理、不实际问题,总结好的经验和做法,为政策调整、修订与完善提供决策依据和建议,从而使政策制定更加科学合理、切合实际,更好地为促进经济社会平稳健康发展、扩大改革开放成果和增进民生福祉服务，为实现中华民族伟大复兴的中国梦服务。

二、行政事业单位开展贯彻落实国家重大政策措施情况内部审计

《审计署关于内部审计工作的规定》（审计署 11 号令）列出了内部审计机构的 12 项基本职责，其中第一项职责就是"对本单位及所属单位贯彻落实国家重大政策措施情况进行审计"。内部审计是国家审计监督体系的重要组成部分，开展国家重大政策措施贯彻落实情况审计（以下简称"政策落实审计"），是新时代赋予内部审计的重要使命。内部审计机构所在单位，特别是党政机关、国有企事业单位，尤其是行政事业单位是国家重大政策和社会责任的主要参与者、推动者、承载者和落实者。内部审计有责任推动本单位贯彻落实好党和国家的重大政策措施，扎实推进做好"六稳"工作，全面落实"六保"任务。这既是帮助本单位依法依规运行、有效应对外部监管风险的需要，也是帮助本单位正确制定组织发展战略、守住政治底线、把握正确发展方向的需要；既是审计服务于国家治理、促进经济高质量发展的一项重要内容，也是促进中央政令畅通、保证令行禁止的一项重要举措。内部审计要坚决贯彻落实党对审计工作的全面领导，紧紧围绕统筹推进"五位一体"总体布局和协调推进"四个全面"战略布局，坚持稳中求进工作总基调，坚定不移贯彻新发展理念，坚持服务推动经济高质量发展，认真梳理需要本单位贯彻落实的国家重大政策措施，通过开展政策落实审计或者其他专项审计，检视存在的差距和风险隐患，推动本单位发展目标和重大决策与国家政策目标和政策措施的有机衔接。

第二节　审计案例及分析

案例：某高校困难学生资助政策落实及专项资金审计

一、案例背景

2007年5月，国务院发布了《关于建立健全普通本科高校、高等职业学校和中等职业学校家庭经济困难学生资助政策体系的意见》，决定从2007年秋季学期开学起，建立健全我国高校家庭经济困难学生资助政策体系。新资助政策体系建立后，国家在高等教育阶段基本建立起国家助学金、国家励志奖学金、国家奖学金、国家助学贷款、师范生免费教育、勤工助学、特殊困难补助、学费减免和"绿色通道"等多种形式有机结合的家庭经济困难学生资助政策体系。建立健全高校新资助政策体系，是党中央、国务院总揽全局、高瞻远瞩、审时度势作出的一项造福当代、惠及子孙、影响深远的重大决策，是继农村义务教育经费保障机制改革之后，以科学发展观为统领，促进教育公平的又一件大好事，是构建社会主义和谐社会的基本要求，是保证教育事业持续协调健康发展的重要举措，是落实科教兴国战略、为建设创新型国家提供人才支撑的客观要求，是履行政府公共财政职能的重要措施。充分体现了发展为了人民、发展依靠人民、发展成果由人民共享的重要原则，充分体现了党和政府对生活困难群众的关心，也充分体现了社会主义制度的优越性，具有重大的现实意义和深远的社会影响。高校新资助政策体系从完善制度、创新机制入手，通过加大财政投入，落实各项助学政策，扩大受助学生比例，提高资助水平，从制度上基本解决家庭经济困难学生的就学问题。这标志着我国高校家庭经济困难学生资助制度建设进入了一个新的历史发展阶段。

某省教育厅为检查所属公办普通高等学校贯彻落实困难学生资助政

策及专项资金提取、使用、管理情况，要求省属公办普通高等学校内部审计机构实施内部专项审计并将审计结果上报。按省教育厅要求，某高校审计处对该校2012年9月至2013年12月困难学生资助政策落实及专项资金计提、核算、使用及管理情况开展内部专项审计。

二、审计过程

（一）审计项目立项

该审计项目立项依据是上级教育主管部门的指示，并未包含在该校年度审计工作计划内，审计处经请示主管校领导后，批准立项。

（二）开展审前调查和编制审计方案

1. 开展审前调查

审计处成立审计小组并召开小组会议，向小组成员通报项目基本情况，并与学校学生资助管理部门（学生工作部）联系、座谈，了解国家、地方及学校相关政策和学生资助工作开展情况，包括资助工作开展形式（种类）、工作程序、建档立卡情况、资助人数、金额、成效等。通过审前调查，确定了本次审计应该重点关注以下几点：资助专项资金是否按照政策足额提取，资助工作程序、流程是否符合政策要求（受助学生资格认定、公示、发放等），是否充分利用各种资助形式开展资助工作，资助专项资金提取、使用及管理是否规范且符合政策要求，资助工作开展效果如何。

2. 编制审计方案

在充分进行审前调查的基础上，审计组较为全面地了解和掌握了该校学生资助工作的总体情况，确定了本次审计的重点，在此基础上确定了成员分工、工作程序和步骤、审计方法选用等，审慎分析了该项目的审计风险，并制定了相应的风险控制措施，形成了较为科学合理的审计实施方案。该项目的审计风险在于，内部审计人员未能全面了解和掌握相关政策，对学生资助工作形式、方法、程序等了解不充分，未能发现资助资金管理使用中存在的问题，从而得出不恰当的审计结论；资助工作开展效果缺乏标准的指标体系作为评价依据，评价结论不够客观。

（三）审计实施

审计组首先检查了学生资助工作的机构设置、人员配备、制度建设与宣传、信息库建设与档案管理、资格评审与资金发放流程等，并抽查了入库学生档案及证明材料、资格评审与资金发放过程资料等档案材料，对关键环节进行了验证性复核。

根据前期确定的审计重点，审计组对济困助学专项资金提取情况进行检查。经查，该校济困助学专项资金在"专用基金"会计科目下"学生奖贷基金"科目进行明细核算。2011年、2012年该校实现事业收入分别为11 920万元和12 036万元，按规定济困助学专项资金应按照上年事业收入的6%进行计提，照此计算，2012年、2013年该校应计提济困助学专项资金分别为715.2万元和722.16万元。2012年该校实际计提575.16万元，2013年实际计提580.73万元，均未达到规定比例。截至2013年12月31日，该校济困助学专项资金"学生奖贷基金"科目账面余额1 454.13万元。

据统计，2012、2103级新生分别有216人和285人通过"绿色通道"办理了入学手续；2012年申请获批国家助学金5 038人，共计发放656万元，2013年获批10 096人，发放1 342万元；2102年获批国家励志奖学金571人，发放285.5万元，2013年获批590人，发放295万元；2012年提供校内勤工助学岗位138个，支付勤工助学酬金32.85万元。2013年提供校内勤工助学岗位156个，支付勤工助学酬金37.43万元；2012年，经济困难学生减免学杂费1人，减免学费0.45万元（学费收取标准：文科专业3 500元/年，理工科专业4 500元/年），减免住宿费0.1万元（住宿费标准：1 000元/年）。2013年经济困难学生减免学杂费16人，减免学费7.2万元，减免住宿费1.5万元；2012、2013

年困难补助分别资助2 907人和2 064人，支出145.353万元和103.2万元；2012年学校奖助学金资助1 568人，支出158.6万元；此外，社会捐赠和少数民族省份教育部门也为学校提供了少量资金用于专项奖助学金和少数民族学生补助性支出。

2012年，该校获取生源地助学贷款人数2 160人，共计收到生源地助学贷款1 184.7万元，其中转入学费968.7万元，转入住宿费216万元；2013年，获取生源地助学贷款人数2 135人，共计收到生源地助学贷款1 173.35万元，其中转入学费959.85万元，转入住宿费213.5万元。

为了解该校学生对资助工作的认识和评价，审计组向学生随机发放调查问卷500份，收回有效问卷446份。对学生发放的446份调查问卷统计显示，有96.6%的受访学生认为资助工作流程公开、透明，82.7%的受访学生认为国家奖助学金的评选结果公平。

审计组还通过检查账目、核查凭证，对学校济困助学专项资金的分配、核算和使用情况进行了审查。

三、审计结果运用

（一）审计发现的问题

经审计，该校在困难学生资助政策落实及专项资金计提、核算、使用及管理方面存在以下问题：

（1）专职工作人员配备不足；

（2）未足额计提专项资金；

（3）资助形式较少，专项资金结余较大；

（4）资助工作经费计提分配不当，学生事务支出挤占济困专项资金；

（5）部分资金未纳入专项经费核算，科目余额不实；

（6）账务处理会计科目使用不当。

（二）整改落实

接到审计组提交的审计报告后，学校财务部门和学生资助管理部门反复沟通，研究并提出了切实可行的整改方案，并积极实施整改。财务部门进行了账务调整，资助管理部门研究增加了勤工助学岗位，调高了勤工助学酬金标准，增加了资助形式，加大了学费减免力度，开展精准资助并加强了临时困难补助工作。学校层面也通过校内调配，补足了资助专职工作人员。审计意见和建议全部得到落实。

四、案例分析及启示

该案例中，国家、地方、部门及学校有关困难学生资助的各项政策是本次审计的基础，脱离了这个基础，这项审计任务将成为无本之木。审计人员对相关政策的熟悉程度，是决定该项目审计质量高低和控制审计风险的必要条件之一。在审计实施之前，审计人员做了充分的审计调查，抓住了审计重点，制订了切实可行的审计方案，为确保审计任务顺利完成、保证审计质量打下了较为坚实的基础。通过发放调查问卷，了解了学生对资助工作和评选结果的认可度，侧面反映了学校资助政策宣传和落实情况。

本次审计所发现的问题，有机构设置方面的，有政策执行方面的，还有账务处理方面的。究其原因，有客观方面的因素，比如人员配备问题，源于该校编制紧张，未能足额配备专职工作人员；而更多的则是主观因素造成的。

比如，未足额计提专项资金的问题。据财务人员介绍，该校预算支出较大，若足额计提则会加大预算支出，造成预算赤字，加之专项资金余额本身较大，资助形式较少，每年专项资金支出不是很大，足额提取会进一步加大专项资金余额，且该校新校区建设正在收尾，资金较为紧张，若大量资金被压在专项资金中则可能影响学校正常运转，因此从主观上，没有足额计提专项资金。再比如，专项资金余额较大的问题。其根本原因还在于资助形式较少，资助覆盖率较小。这个问题也存在多种诱因，专职人员少，无力开展形式多样的资助工作是客观的方面，但是在主观上，也存在诸如学校提供的勤工助学岗位较少、制定的薪酬标准较低、学费减免覆盖面不大、学校奖助学金力度不大、对资助工作思考不足等多种原因；还有账务处理、核算以及挤占专项资金的问题。财务人员对资助政策理解不够，与资助管理部门缺乏充分沟通，科目设置不够合理，对会计科目使用理解、认识有误等，都是造成这个问题的主观因素。

针对审计发现的问题，审计人员在充分理解和掌握相关政策的前提下，提出了一系列切实可行的意见和建议，促使财务部门和资助管理部门建立起良好的沟通机制，让财务人员在提高和加强财务工作能力的同时更加深入地了解业务，促进业财融合，提高财务管理水平；督促资助工作人员勤于思考，用足、用好政策，力争让更多的困难学生享受到政策的优惠，感受到党和国家的温暖。

当然，政策执行落实是一项需要长期坚持的工作，审计监督是手段不是目的，是为了帮助和督促相关管理部门正确理解政策、充分开展工作。审计工作本身受审计人员能力和水平的局限，所提出的意见和建议水平也是有限的，审计质量也会受到影响。相关业务管理部门要时刻坚持党的领导，增强"四个意识"，坚定"四个自信"，做到"两个维护"，切实提高政治站位，随时关注、了解和掌握新形势、新政策，并自觉加以贯彻落实。只有这样，才能确保党和国家政令畅通、政策落地，才能达到全国一盘棋的效果，才能保证党和人民的事业行稳致远。

第八章 单位发展战略及规划专项审计

第一节 概述

一、单位发展战略和规划的概念

战略和规划是两个有关联度的概念,一般来说是先有战略后有规划。"战略"一词最早是军事方面的概念,是发现智谋的纲领,指军事将领指挥军队作战的谋略。规划是对未来整体性、长期性、基本性问题的思考和考量,是设计未来的整套行动的方案。单位发展战略是单位发展计划的路线和原则,单位发展战略指导单位发展规划,解决方向性问题,即战略决定做什么、规划谋划怎么做。

发展战略是一定时期内对单位发展方向、发展速度与质量、发展点及发展能力的重大选择、规划及策略。解决的是未来发展的问题,具体包括四个部分:愿景、战略目标、业务战略和职能战略,它们相互支撑,形成单位发展战略体系。行政事业单位一定要先有战略后有规划,先准确研判行业趋势,明确未来战略发展方向,率先布局,然后在战略方向指引下再做规划。

规划是依据战略的长期布局,并通过制订具体计划落实,不同期限的计划基于发展战略实现详细的对应的期间目标,在行政事业单位,就是发展计划落实单位发展战略,因此,切实可行的规划是单位战略达成的根本保证。

二、单位战略和规划审计的内容

从上述单位发展战略和规划的概念可以看出，在进行单位的战略和规划审计实践时，一定要看战略规划在对单位的未来是否有准确预测，是否有前瞻性和预见性，是否准确把握国家规划的重大趋势、认清经济社会发展进入的时代历史形势，并从发展规划体系、编制要求、编制重点、编制程序、编制要处理的若干关系和规划编制的技术方法等方面进行全面审核，同时结合规划编制实施的具体效果和出现的问题，深入剖析发展战略规划编制应当注意并着力解决的重点及难点，最后能在科学编制发展规划的重要性和方法途径方面给予相应的审计意见和建议。

三、单位战略规划审计的目标

通过审计，了解规划期间重点项目计划制订、审批及项目建设进度推进等情况，揭示项目管理及实施过程中存在的问题和潜在风险，全面揭示计划制订、计划落实、部门协同中存在的突出问题和管理不规范等薄弱环节，提出完善制度政策的建议，促进有关部门和项目建设单位加强管理、促进计划任务落实、促进单位战略规划目标的实现。

第二节 审计案例及分析

实践中，由于行政事业单位内部审计在单位战略规划审计业务开展不多，我们就模拟以"××（区域）'十三五'规划期间重大项目审计调查"作为案例进行说明。

一、案例背景

"十三五"规划期间,××(部门)以××(部门)审查批准的××(区域)重点项目计划为依据,向各设区市××部门和有关单位下达××(区域)重点建设项目××个,涉及综合交通运输网络、能源化工、战略性新兴产业、装备制造和传统产业改造升级、现代服务业、水利和现代农业、公共服务体系、新型城镇化、生态环境和"一带一路"等十大类工程,总投资××万亿元,其中,"十三五"规划期间计划完成投资××万亿元。

本次审计调查,重点对全(区域)××年至××年新开工的××个(区域)重点建设项目进行了调查,占"十三五"规划期间项目计划总数的××,调查项目计划总投资××万亿元。通过调查,"十三五"规划期间,××(区域)重点建设项目实际完成投资××万亿元。其中:国有投资××个项目,完成投资××万亿元,占完成投资××;社会资本投资××个项目,完成投资××亿元,占完成投资××%。

1. 审计调查范围:20××年至20××年,××下达的××(区域)重点项目计划所列约××个项目。

2. 调查对象:本级政府相关行政主管部门、本次审计调查项目的建设单位等。必要时,可延伸调查相关事项或项目涉及的相关单位和个人。

二、审计调查的主要内容及重点

(一)计划编制情况

调查本级政府重点建设项目年度计划编制情况,重点关注计划编制依据、计划编制思路、计划项目如何确定等工作流程,关注本级重点项目计划编制是否符合实际,有无重数量、轻质量或人为加大项目规模和投资，将不具备开工条件的项目纳入计划等现象，是否存在应付差事、弄虚作假等问题。

（二）计划下达情况

1. 调查××部门下达给本级政府的××（区域）重点建设项目计划，含下达的项目数量及名称、建设单位、建设起止年限、项目总投资、计划完成投资、项目资金性质等。对单体项目进行全面检查，对本级政府涉及的××项目进行两类项目的抽查。

2. 调查上级××重点建设项目计划下达后，本级政府相关单位或部门如何向本级及下级单位分解年度任务、夯实责任。重点关注××（区域）本级××项目中涉及的××个项目在市、县是如何落实、如何实施，是否存在项目不落地情况。

（三）项目建设执行情况

1. 是否建立相关的管理办法及措施

调查各级政府或行政主管部门，是否制定推进项目建设相应的优惠政策，是否出台相关的管理办法、规章制度和考核管理办法，是否有协调解决项目建设中遇到困难和问题的机制，各级行政主管部门是如何服务、指导、督促项目建设，推进项目顺利实施的。

2. 项目建设是否按计划开工建设

审查项目是否按计划开工，如未按计划开工，进行原因分析，是否由于立项、用地、环评等建设程序审批或资金未落实、设计不到位、管理不规范等原因，造成项目未及时开工。

3. 建设项目实施情况

审查项目是否按照下达的计划和相关要求顺利实施，检查是否存在因建设程序审批、资金未到位等情况影响建设进度。

（1）关注有财政资金投入的建设项目资金的筹集及到位情况，审查××级财政预算内资金是否按时到位，地方配套资金是否足额落实，来源是否合规；对未按照资金计划投入的建设项目，依据投资计划统计资金缺口并进行原因分析。

（2）关注民营资本投入情况，关注创新政府投资方式、推行股权投资、基金注资等市场化运作模式项目建设情况，关注基础设施建设基金、公共服务发展基金等各类基金是否用于投资项目并充分发挥政府资金的引导作用和放大效应，是否推动商业银行信贷资金和社会资本跟进、发挥投贷结合效应。

（3）关注行业主管部门如何掌握、督导重点建设项目建设情况；是否进行月度调度和年度考核，有无项目虚报完成投资和进度；是否存在计划、建设"两张皮"及不作为的问题。

（4）民营资本投资项目建设情况，本地区是否建立健全完善公平开放透明的市场规则，确保民营企业与国有企业享受同等"国民待遇"，营造权利平等、机会平等、规则平等的投资环境；是否存在因营商环境、相关行政主管部门服务协调不力等问题导致项目进展不利的情况。

4. 已完工项目情况

对有财政资金和国有企业投资的已完工项目，关注项目概算执行情况，是否超概，是否存在未经审批擅自调整概算，是否存在未经批准擅自调整建设规模、随意变更设计内容和提高建设标准等违规问题；关注竣工项目是否达到批准的设计要求和建设规模，是否及时交付使用；是否存在建成后闲置等问题。对未达到原建设或设计要求、未及时交付使用、闲置浪费等进行原因分析。审查有无套取、挤占、挪用建设资金和超付、拖欠工程款等问题

5. 因专项审计调查需要，对其他相关事项开展审计。

6. 审查资金投向和投资结构情况

关注重大基础设施投资、能源化工投资、战略性新兴产业投资、服务业投资情况，分析上述投资占比，是否提高战略性新兴产业投资、服务业投资，是否达到本地区××规划投资结构调整目标。

（四）组织分工及安排

1. 组织领导

本次审计调查，由××委审计处组织统一牵头实施，统一编制审计工作方案，下设专项审计工作组；对本次审计开展情况及审计质量进行指导检查；审计处统一组织各专项审计组开展调查工作，并对审计质量负责。对审计调查中发现存在违法违纪的问题，按照《中华人民共和国内部审计准则》的规定，出具审计报告。

2. 具体分工

本次审计调查由××、××、××等厅委相关部门共同完成。根据审前调查结果，本次审计调查涉及××个建设项目，详见表8-1。

表8-1　　　　　　　　建设项目汇总

××本级	××委	××厅	××办	××中心	××市	××市
96	195	52	85	74	65	132
××市	××市	××市	××市	××区	××区	××市
92	39	65	84	53	21	38

其中，专项审计一、二组实施同级审计，三、四组实施市区审计；××委内审机构（内审人员）要加强沟通衔接，确保审计不重复、不遗漏。

3. 时间安排

按照本次审计总体安排，现场审计于20××年××月××日开始，各专项审计组于××月××日前向××委审计处报送审计调查报告及审计报表等（含电子版）。

三、审计调查结果

通过调查，"十三五"规划期间，××（区域）重点建设项目实际完成投资××万亿元。其中：国有投资××个项目，完成投资××万亿元，占完成投资××；社会资本投资××个项目，完成投资××亿元，占完成投资××%。

审计调查结果表明,××(区域)"十三五"规划期间重点建设项目计划编制和实施坚持以习近平新时代中国特色社会主义思想为指导,切实践行××要求,围绕××的中心工作,精心筹划、开拓创新,积极推动项目落地落实,使××(区域)基础设施、民生保障、生态环境、宜居宜业等保障功能不断提升,带动了新兴产业聚集和经济社会转型升级,取得显著成效。为××(区域)追赶超越和经济社会高质量发展注入强大动能,夯实了基础。但审计调查也发现,"十三五"重点建设项目规划和"十三五"省重点建设项目××。

四、问题分析

(一)计划编制与规划要求不匹配,规划目标难以实现

据《××"十三五"××投资和××项目建设规划》(以下简称"规划")反映,"×××五"期间,全(区域)规划实施"十大类工程"建设项目××个,总投资××万亿元,预计完成投资××万亿元。××(区域)"十三五"规划期间实际计划下达省重点建设项目××个,总投资××万亿元,计划完成投资××万亿元。计划下达数与规划数相差××个,总投资额相差××万亿元,计划完成投资相差××万亿元,计划下达的总投资仅占规划总投资的××%,计划下达的完成投资仅占规划完成投资的××%。规划未能充分发挥对计划的指导作用,计划下达也未能体现规划要求,规划与计划不匹配,规划预期目标在计划层面未能有效落实。

(二)项目计划与项目审批存在差距,计划目标难以落实

本次调查的××个××(区域)重点建设项目,计划下达总投资××万亿元,实际审批、核准、备案(以下简称"审批")总投资××万亿元,比计划下达总投资少了××亿元,实际审批投资额占计划总投资的××%，仅在计划与落地审批环节，计划下达投资额的××%就未能有效落实。如××等××个项目，计划总投资××亿元，审批总投资××亿元，审批投资仅占计划下达投资的××%；××汽车项目，计划投资××亿元，实际备案投资××亿元。

（三）项目执行不到位，影响计划目标实现

1. 计划项目投资完成率较低。××（区域）重点建设项目计划要求"十三五"期间开工并完工的项目××个，计划总投资××亿元，审批总投资××亿元，截至20××年6月末，实际完成投资××亿元，分别仅占计划总投资的××%和审批总投资的××%；"××五"期间计划要求开工并在20××年度完工的项目××个，计划总投资××亿元，审批总投资××亿元，截至20××年6月末，实际完成投资××亿元，分别仅占计划总投资的××%和审批总投资的××%。投资完成率较低，在剩余计划完成时间内，完成计划目标任务存在较大难度。

2. ××个××（区域）重点建设项目未实施，涉及计划总投资××亿元，占调查项目计划总投资的××%。如××市在调查的××个建设项目中，有××个项目未实施；××（区域）在调查的××个建设项目中，有××个项目未实施。

3. ××个××（区域）重点建设项目未按计划年度开工建设，涉及计划项目总投资××亿元，占调查项目计划总投资的××%。如××（区域）调查的××个项目中，有××个项目没有按计划年度开工建设；××（区域）调查的××个项目中，有××个项目没有按计划年度开工。部分项目开工建设延迟一至两年多之久。

4. ××个××（区域）重点建设项目进度缓慢或未按计划竣工，占调查项目总数的××%。如××（区域）调查的××个项目中，××个项目进展缓慢，××个项目未按时竣工，××个项目停建；××（区域）调查的计划在20××年前竣工的项目××个中，有××项目没有按计划时间竣工。

5. ××个××（区域）重点建设项目存在资金缺口××亿元，涉及项目总投资××亿元，缺口资金占总投资的××%。资金不能及时到位，在很大程度上影响了项目建设进度。如××（区域）正在实施的××（区域）重点建设项目审批总投资××亿元，到位资金××亿元，仅占审批总投资的××%；××市××个项目拖欠工程款××亿元；××（区域）棚户区改造项目总投资××亿元，资金缺口达××亿元，占到项目总投资的××%。

（四）计划编制下达方面存在的问题

1. 年度计划征集环节存在缺陷。××（区域）重点建设项目计划征集通知（以下简称"征集通知"）明确要求"跨区域项目、××下达投资计划的项目拟列为××（区域）重点项目的由××（区域）级有关部门申报"，但实际征集通知没有发至××（区域）级有关部门，只发至各××部门，导致相关行业主管部门尤其是××（区域）级行业主管部门不了解本行业内××（区域）重点建设项目申报和征集情况。如本次调查的国××干线公路、全××（区域）棚户区改造等××个跨区域××项目，计划总投资××亿元，据××、××等行业主管部门反映，均未收到征集通知，也未申报相关项目，对行业××项目被列为建设项目基本不知情。

2. 未按规定要求编制计划。征集通知要求，当年未完××（区域）重点建设项目应按要求纳入下一年度项目计划。但调查发现，"十三五"下达××（区域）重点建设项目计划中有××个当年未完工项目未按规定结转下一年度项目计划，导致少下达投资计划××亿元，也在一定程度上影响了投资完成率的统计数据。

3. 部分计划项目编制无实质内容。本次调查的××个××项目、涉及总投资××亿元无具体实施内容，无具体建设项目。如××属高校艺术馆建设工程、中小学体育场地建设工程、××移民搬迁安置学校及幼儿园建设工程、非××城市高校基本建设工程、双一流大学建设工程等××个项目没有具体实施内容,涉及项目总投资××亿元;20××年至20××年下达的双一流大学建设工程,计划总投资××亿元,经与××调查核实,该项目属于教育质量内涵提升,不涉及资金和具体建设项目。

4. 部分计划项目下达范围和内容不明确。"十三五"××(区域)重点建设项目计划下达的××个××项目、总投资××亿元,未明确子项目明细,也未将打捆项目分解至有关××或部门,导致各××部门、行业主管部门均不了解××项目的具体实施内容和明细项目。

5. 规划、计划编制资料管理不规范,原始资料缺失。调查期间,相关××部门在"十三五"重点建设项目规划和"十三五"省重点建设项目计划的申报、征求意见等环节只有部分电子数据,无完整过程资料,纸质资料基本缺失。

(五)项目执行管理方面存在的问题

1. 相关配套管理制度缺失。20××年××月,省政府制定颁布了《××省重点项目推进办法》(××××〔××××〕××号),在×××年××月××日废止后,再未出台相关扶持政策和激励推进等相关配套管理制度,××××年后也未再对××重点建设项目进行考核管理。

2. 未建立项目建设指导、协调及推进机制,建设项目要素保障和服务存在缺陷。××在20××年之前未建立重点项目问题台账,基础资料不全,对项目建设过程中存在的困难、问题等情况不完全掌握,也不能及时协调解决。

五、审计建议

(一)对"十×五"××重点建设项目规划、年度计划以及项目审批(备案)等情况进行系统的梳理和分析,找准存在的问题和差距,在编制"十三五"规划和计划时，认真加以改进和完善。

（二）在编制"十×五"××重点建设项目规划和年度计划时，应充分考虑建设用地、环境保护以及建设资金的筹集到位等情况，确保建设项目及时开工建设。

（三）进一步细化年度项目计划的编制，特别是"××"项目，要细化到具体的子项目、项目建设主体和责任单位等。同时，加大对项目执行情况的监督、检查和考核机制，推动项目及时开工建设，加快项目建设进度，确保项目按期建成投产。

（四）进一步优化投资领域营商环境。各级政府及部门要树立全××一盘棋的思想，在项目立项审批、建设用地、环境评价等环节，出台配套政策，持续优化投资领域营商环境，提高服务能力和服务质量。对项目建设中存在的问题和困难及时加以协调解决，确保建设项目有序推进。

第九章　风险识别及内部控制审计

第一节　概述

一、行政事业单位内部控制概念

（一）行政事业单位内部控制的定义

行政事业单位内部控制是指单位为实现控制目标，通过制定制度、实施措施和执行程序，对经济活动的风险进行防范和管控。从静态上讲，内部控制是单位为了防范和管控经济活动风险而建立的内部管理系统，该系统由内部控制环境、风险评估、控制活动、信息与沟通和内部监督等要素组成，具体体现为各项内部管理制度以及落实制度所需的控制程序和措施；从动态上讲，内部控制是单位通过制定制度、实施措施和执行程序，为实现控制目标而应对风险的自我约束和规范的过程。

（二）行政事业单位内部控制目标

内部控制目标是单位建立和实施内部控制所要达到的目的，总体上讲，内部控制目标和单位的总体目标相一致。行政事业单位内部控制目标包括以下五个方面：

(1) 合理保证单位经济活动合法合规。
(2) 合理保证单位资产安全和使用有效。
(3) 合理保证单位财务信息真实完整。
(4) 有效防范舞弊和预防腐败。
(5) 提高公共服务的效率和效果。

（三）内部控制审计的内容

内部审计机构可以依据《财政部关于全面推进行政事业单位内部控制建设的指导意见》《行政事业单位内部控制规范（试行）》《行政事业单位内部控制报告管理制度（试行）》的相关规定，根据组织的实际情况和需要，通过审查内部环境、风险评估、控制活动、信息与沟通、内部监督等要素，对组织层面内部控制的设计与运行情况进行审查和评价。

内部审计人员在开展内部环境要素审计时，应当以《行政事业单位内部控制规范（试行）》中有关内部环境要素的规定为依据，关注组织架构、发展战略、人力资源、组织文化、社会责任等，结合本组织的内部控制，对内部环境进行审查和评价。

内部审计人员在开展风险评估要素审计时，应当以《行政事业单位内部控制规范（试行）》有关风险评估的要求，以及各项应用指引中所列的主要风险为依据，结合本组织的内部控制，对日常经营管理过程中的风险识别、风险分析、应对策略等进行审查和评价。

内部审计人员在开展控制活动要素审计时，应当以《行政事业单位内部控制规范（试行）》中关于控制活动的规定为依据，结合本组织的内部控制，对相关控制活动的设计和运行情况进行审查和评价。

内部审计人员在开展信息与沟通要素审计时，应当以《行政事业单位内部控制规范（试行）》中有关内部信息传递、财务报告、信息系统等规定为依据，结合本组织的内部控制，对信息收集处理和传递的及时性、反舞弊机制的健全性、财务报告的真实性、信息系统的安全性，以及利用信息系统实施内部控制的有效性进行审查和评价。

内部审计人员在开展内部监督要素审计时，应当以《行政事业单位内部控制规范（试行）》有关内部监督的要求，以及各项应用指引中有关日常管控的规定为依据，结合本组织的内部控制，对内部监督机制的有效性进行审查和评价，重点关注监事会、审计委员会、内部审计机构等是否在内部控制设计和运行中有效发挥监督作用。

内部审计人员根据管理需求和业务活动的特点，可以针对采购业务、资产管理、销售业务、研究与开发、工程项目、担保业务、业务外包、财务报告、全面预算、合同管理、信息系统等，对业务层面内部控制的设计和运行情况进行审查和评价。

（四）内部控制审计的具体程序与方法

内部控制审计主要包括下列程序：

(1) 编制项目审计方案；
(2) 组成审计组；
(3) 实施现场审查；
(4) 认定控制缺陷；
(5) 汇总审计结果；
(6) 编制审计报告。

内部审计人员在实施现场审查之前，可以要求被审计单位提交最近一次的内部控制自我评估报告。

内部审计人员应当结合内部控制自我评估报告，确定审计内容及重点，实施内部控制审计。

内部审计机构可以适当吸收组织内部相关机构熟悉情况的业务人员参加内部控制审计。

内部审计人员应当综合运用访谈、问卷调查、专题讨论、穿行测试、实地查验、抽样和比较分析等方法，充分收集组织内部控制设计和运行是否有效的证据。

第二节 审计评价案例及分析

案例：××科研院内部控制审计评价

一、单位基本情况

××科研院成立于1981年，是自收自支企业化管理正处级公益二类事业单位；开办资金9 000万元；核定事业编制人员165名。宗旨和业务范围为：为自然资源资产和国土空间开发提供发展规划和战略研究；自然资源勘测、监测、评估、评价；国土空间生态保护、生态修复、开发利用研究规划设计等。

××科研院内设2个办公室、8个部门、2个中心：党委办公室、综合办公室、人力资源部、财务部、技术管理部、生产经营部、市场一部、市场二部、市场三部、市场四部、市场五部、数据业务中心、客户服务中心。××科研院共有员工265人，其中：事业编制人员80名，聘用185名。××科研院有独立的党委，院党委书记兼任院长，实行一岗双责。

二、内部控制审计评价工作主要过程情况

本次内部控制审计评价历时6个月。××科研院成立了由单位负责人担任组长、其他单位领导担任副组长、各部门负责人为成员的内部控制评价领导小组，由财务部牵头，各部门配合，委托专业中介机构负责内部控制审计评价具体工作。本次内部控制审计评价工作主要分五个阶段进行：

第一阶段：收集、研究现行国家与单位业务相关法律法规，以及××科研院内部控制管理体系及各项管理制度、工作手册，最近一次

的内部控制自我评估报告、党委会会议纪要、院长办公会会议纪要；各部门按时间顺序、业务内容，整理近三年业务管理档案，以备查验。

第二阶段：中介机构了解××科研院内部机构设置、人员分工，业务管理各环节控制活动、控制要点；对照内部控制管理体系、各项管理制度、工作手册中业务管理流程，对近三年发生的业务活动，抽取总量的30%左右进行穿行测试检查；××科研院各部门对照各项制度，自查、分析总结本部门内部控制执行情况、未执行制度的原因、对优化现行管理制度和管理流程的建议。

第三阶段：中介机构设计调查问卷，对××科研院各部门进行访谈和控制测试，广泛收集对内控制度、内控流程设计的意见和建议；对照内控制度规定的控制节点，对各部门主要业务控制活动制度执行情况进行符合性控制测试，并归纳总结。

第四阶段：中介机构根据《行政事业单位内部控制规范（试行）》《财政部关于全面推进行政事业单位内部控制建设的指导意见》《关于开展行政事业单位内部控制基础性评价工作的通知》《行政事业单位内部控制报告管理制度（试行）》要求，在深度了解××科研院各部门业务管理的基础上，结合穿行测试、控制测试、访谈结果、实地查验、抽样和比较分析，对现行内控制度进行"回头望"，总结分析制度设计是否健全、是否得到严格执行；对不符事项进行归类总结，提出管理建议，并形成内控手册的修改意见初稿交××科研院讨论复核。

第五阶段：中介机构对发现的制度缺陷、执行不到位事项，以及管理建议、内控手册的修改意见初稿，与××科研院各部门沟通，征求意见；根据各部门反馈意见修改、完善相关初步检查结果；出具《内部控制审计评价报告》《内控手册》修改稿，再次征求××科研院意见；出具正式《内部控制审计评价报告》《内控手册》定稿。

三、××科研院内部控制建立及健全情况

××科研院按照《行政事业单位内部控制规范（试行）》《财政部

关于全面推进行政事业单位内部控制建设的指导意见》要求，及行业管理和业务发展要求，对各项管理制度进行了系统的修订、完善。已出台的制度按类别归类主要有：预决算管理、收支管理、资产管理、采购管理、合同管理、人力资源及薪酬管理、技术更新维护管理、销售管理、日常事务管理、廉政建设管理等十大类。部分制度正在修订过程中（如固定资产管理办法、档案管理办法、公文处理工作办法、客服中心管理制度等）。

（一）××科研院单位层面内部控制建立情况

1. ××科研院决策机制建设情况

××科研院实行院党委会议事决策制度和院长办公会议事决策制度。院党委会是最高权力决策机构，涉及重大事项决策（包括单位预算决算审批）、重要干部任免（部门副职以上人事任免）、重要项目安排（预算支出30万元以上项目）、大额资金的使用（单笔10万元以上资金支出），必须经院党委会集体讨论研究作出决定。院预算决算编制管理、5万元以上的采购活动、5万元以上的支出活动、技术维护及设施更新方案、制定规章制度等事项，由院长办公会集体研究决定通过后才能实施。

2. ××科研院内部控制执行机制建设情况

××科研院根据行业特点及业务管理需要，制定了各部门岗位职责。院长负责××科研院全面管理工作；各分管领导、各部门负责人对职权范围内的内部控制制度的制定和有效执行负责，行使管理职权，保证单位各项工作的正常运转。各职能部门分工明确、各司其职、各负其责、相互配合、相互制衡，确保了××科研院日常业务活动的健康有序运行，保障了单位控制目标的实现。

3. ××科研院财务管理内部控制建设情况

××科研院建立了独立的财务会计机构，配备了专职会计人员；会计核算采用"用友T6"财务核算软件，分别建立了《财产清查管理制度》《账务处理程序制度》《财务会计分析制度》《会计档案管理制度》《会计电算化管理制度》《会计核算管理制度》《支票管理制度》《会计机构岗位设置制度》《财务人员岗位轮换制度》《原始记录管理制度》《内部牵制制度》《会计人员岗位责任制度》《内部稽核制度》《财务收支审批制度》,建立了财务与人事部门、技术管理部门、生产部门的信息沟通机制,减少了人为操纵财务信息等舞弊、错报信息的发生概率,有效保证了财务信息的真实性、完整性、可靠性。

4. ××科研院内部控制监督及评价机制建设情况

××科研院内部控制执行情况监督检查工作由财务部组织进行。财务部每年根据国家法律法规制度要求,以及××科研院运行过程中的新问题提出修订、维护要求,组织各部门对《内部控制手册》进行修订、完善,经××科研院党委会批准后发布;定期委托中介机构对其内控健全有效性进行评价。××科研院内部控制设计、运行、监督、评价、修订完善等一系列工作形成了持续性、动态性的管理机制。

(二) ××科研院业务层面内部控制制度建设情况

1. 预算决算管理、收支管理方面

××科研院制定了《财务管理办法》《"三公"经费及会议费培训费管理办法》《公务卡结算管理暂行办法》等管理制度。对预算决算管理、收入支出管理等内容进行了明确规定。

上述制度规定,××科研院各项资金收支均应纳入部门预算管理,部门预算实行"二上二下"的编制程序,预算调整经××科研院党委会议研究同意后报上级财政部门审核,待批准后方可执行;决算完成并经会计师事务所审计后,报上级财政部门批复后公开。××科研院各项收入全部纳入部门预算,统一核算、统一管理;各项支出全部纳入预算管理,支出按照金额大小分别经××科研院党委会或者院长办公会集体研究通过后方能实施,"三公"经费及会议费培训费、办公通用设备费用实行事先审批制度管理;其他费用按照预算要求支出。

2. 采购管理方面

××科研院制定了《招标采购管理办法》《招标采购工作制度》《办公用品采购管理办法》等制度。制度规定，对纳入政府采购目录的采购项目按照省财政厅审批的采购方式进行采购，所有的采购项目均应纳入当年部门预算管理；成立招标采购领导小组，10万元以上的采购项目邀请专业技术人员、纪检人员全程参与和监督项目招标，确保采购过程公平公正，合理节约采购成本。

3. 合同管理方面

××科研院制定了《合同管理办法》，从合同签订前的预算控制，到合同订立、合同履行、合同变更和解除、合同纠纷的处理等全过程，均进行了系统规定。

4. 资产管理方面

××科研院制定了《财务管理办法》《货币资金管理制度》，各项资金一律存入单位指定的银行账户，严禁公款私存；定期清理结算应收款项和预付款项，不得长期挂账；严格控制对外投资，不得从事股票、期货、基金、企业债券等投资；综合办公室建立库存材料账簿，由专人负责库存材料出入库登记；综合办公室负责固定资产日常管理，登记固定资产台账，定期盘点，年底与财务部核对；对盘盈、盘亏及毁损、报废固定资产，经上级财政部门批复后才能进行账务核销。

5. 人力资源及薪酬管理方面

××科研院制定了《正式人员绩效工资分配办法》和《聘用人员管理办法》，对员工绩效工资的发放、职工岗位培训以及聘用人员岗位任职条件、专业胜任能力、录用程序、工资级别、年终考评等进行了详细规定。

6. 业务发展管理方面

××科研院是自收自支企业化管理事业单位，有大量的经营性项目。单位制定了《生产经营管理办法》《招投标管理办法》，对项目洽谈、收费标准、资金收款、项目生产、成果交付、风险管理以及后期服务等进行了要求，保证了业务经营正常开展。

7. 日常事务管理方面

××科研院制定了《公务用车管理办法》《公章管理使用办法》《会议制度》《安全管理规定》《突发事件应急预案》《消防安全工作管理规定》等制度。

8. 廉政建设工作方面

××科研院制定了《招投标采购廉洁承诺制度》，每一年，单位领导以及各部门负责人须签订廉政风险责任书。

四、××科研院内控制度运行情况

根据执行地穿行测试、控制测试结果，××科研院内部控制制度执行情况较好，在预算决算管理、收支管理、政府采购管理、资产管理、合同管理、人力资源管理、设备管理等关键控制岗位，保持并运行了有效的内部控制程序。

1. 预算决算管理

××科研院各项收支均纳入了预算管理体系。预算的编制过程执行了"两上两下"的编制程序，并在指定的网站进行了公示；××科研院对预算实行动态管理，定期向各部门反馈预算执行情况。

2. 收入、支出管理

××科研院根据上级财政部门批复的预算，以及单位各项管理制度，对本单位收入、支出业务进行管理。按《招标采购管理办法》等制度，有条不紊地组织本单位项目招标工作，业务生产活动、技术设备及软件升级维护等资金的使用均被纳入了预算管理，按制度规定履行了政府采购程序；"三公"经费及会议费培训费、办公通用设备及其他费用的支出基本实行了事先审批制度，综合办公室对公务用车油耗、维修费等信息进行了定期公示，对员工交通费报销实行了汇总登记管理。

3. 资产管理

财务部设立了出纳管理岗位，银行预留印鉴由出纳和财务主管分别保管；固定资产增加办理了入库、出库手续；往来账款做到定期核对和清理。

4. 日常管理

对公车统一管理、统一派车管理，实行了定点加油、定点维修、定点存放制度，对单车油耗、维修情况进行了统计公示；办理了办公用品采购业务；印章管理和合同存档工作由机要室专人负责。

5. 人力资源管理

定期为员工计算工资、缴纳社保；按流程办理了员工聘用、考核、转正手续。

6. 廉政管理

按照《招投标采购廉洁承诺制度》，单位领导以及各部门负责人签订了廉政风险责任书；招投标过程中业务小组人员签署了《招投标工作廉洁承诺书》。

五、××科研院内部控制建立健全及有效性的总体评价

××科研院按照《行政事业单位内部控制规范（试行）》和相关规定建立了较为健全的内部控制体系，符合有关法律、法规规定和行业监管的要求；内部控制制度基本能够贯彻落实执行，在单位管理的各个关键环节发挥了较好的管理控制作用，能够有效防范运营管理风险，保证各项业务的健康运行，在所有重大方面建立并实际运行了有效的内部控制体系。

六、××科研院内部控制建立健全及有效性方面存在的问题及建议

（一）内部控制制度建立健全方面

1. 内部控制监督制度有待健全

××科研院未建立内部控制监督制度，实际执行中内部控制监督检

查和评价工作由财务部组织实施，不符合《行政事业单位内部控制规范（试行）》第六十条"……内部监督应当与内部控制的建立和实施保持相对独立"的规定。

××科研院《财务管理办法》规定：建立健全财务管理制度，及时修订各项规章制度，每年完善内控手册。虽然财务部定期对内部控制建立及执行情况的评价工作聘请中介机构负责完成，但因财务人员紧张，在不相容岗位相互分离控制方面仍然存在缺陷。

××科研院的内部控制制度日常管理存在缺陷，未有专人负责对现行的内部控制制度进行日常归类整理、动态管理。

建议将内部控制制度的监督与评价职责授予与制度建设、制度运行相对分离的部门或人员；重视内控制度建设的日常、动态管理。

2. 部分内控制度间条款存在冲突现象

××科研院《办公用品采购管理办法》规定：超过5万元（含）以上的，经中心办公会研究后，由综合办公室、财务部根据政府采购公示目录统一购买；《招标管理办法》第"第十一条（四）2"规定：10万元以上的物品和服务采购……经院长办公会议同意并形成会议纪要，由财务部上报上级财政部门进行备案审批，根据批准的采购方式，由招标采购小组人员参与谈判。两项制度采购方式存在矛盾情况。

建议对下发的《办公用品采购管理办法》相关条款进行修改，保持制度规定的一致性。

3. 部门职责划分方面有待完善

2020年，××科研院进行了内部机构工作调整，增设了数据业务中心，将原归属技术管理部的技术档案管理业务、党委办公室的宣传投稿业务、生产经营部的信息系统开发维护业务等划入新部门，希望利用互联网数据技术提升宣传、技术档案归集、信息系统整合管理等功能。但新部门成立后其职责划分未完全归口到位，业务界限不清，技术开发迟缓，业务信息化、数据化预期没有完成。看似增加了业务部门，但没有真正加强内部控制点，工作效率没有提升。

建议：××科研院根据《行政事业单位内部控制规范（试行）》及单位现状，尽快提升信息化水平，打通各部门、各业务信息壁垒，提升内控效率。

4. 内部控制制度系统需要完善

××科研院建立了各项管理制度，但这些制度是基于部门管理需要，没有从单位管理层面出发，没有进行单位层面的风险评估，部门之间的协调不够，各自为战，没有形成合力。制定规章制度由院长办公会议审议批准。在一些方面还没有建立内部控制制度，没有标准可依，临时处理的事务还很多。

建议：系统提升内部控制体系标准，规章制度由院党委会议审议批准。

（二）内部控制制度执行方面存在的问题

1. 本次内控评审控制测试过程中发现，单位领导和职工对内部控制工作重视不够

2019 年，上级财政部门安排对所属事业单位开展内部控制工作专项检查，单位负责人接到文件后批示"请 B 同志负责组织实施"，其中，B 同志是分管财务的副职。不符合相关规定，单位负责人应对本单位内部控制的建立健全和有效实施负责。

在此项工作中，财务部门负责牵头组织，其他部门积极性不高，特别是和决策机制、人事制度、组织结构、项目生产、技术管理等业务部门没有形成合力，内部控制实施局限于财务部门，局限于财务收支。

建议：加强单位领导和各部门对内部控制制度建设的重视，明确权责关系，保证内部控制制度的执行。

2. 招待费管理方面，个别招待费报销未办理公务接待审批手续

××科研院《"三公"经费及会议费培训费管理办法》规定，公务接待实行事前审批制度，接待部门填写公务接待审批表，一事一表，后附接待公函，经综合办公室审批同意后执行。经本次审计检查，个别部门报销未填写"公务接待审批表"。

建议：严格"三公"经费及会议费培训费审核审批。

3. 印章管理流程实际未执行到位

××科研院《公章使用办法》规定，以单位名义签订的合同、协议用印履行"经办人在印章登记册上登记—部门领导审签—分管领导审批—机要室用印"流程。审计检查中发现，因为经济合同审核过程中各部门、分管领导已进行了会审会签，在合同盖章环节经办人在印章登记册上除签署经办人本人名字外，还以部门领导、分管领导名义代行了签字手续。经济合同审核只须分管领导会审会签，大额支出合同未经单位负责人签审。大额收入合同未经单位负责人签审，以及院长办公会、院党委会集体研究决定。

《合同管理办法》规定，合同盖章生效后，由生产经营部按规范的编码规则对合同进行编号并登记。本次审计检查发现，合同未及时编码并登记。机要室没有留存合同原件。

建议：重视印章日常管理，完善对大额收支合同单位负责人签审，以及院长办公会、院党委会集体研究决定制度。

4. 部分零星采购业务未执行××科研院制定的《合同管办法》《招投标采购管理办法》规定

《合同管理办法》规定，与外界的经济活动，合同金额在 1 000 元及以上的，原则上必须签订合同；《招投标采购管理办法》规定，1 万元以下物品采购，由业务部门申请（含理由、规格、数量、时间、预算价格等）经业务分管领导签字同意后，由财务部、党委办公室（纪检）同业务部门共同采购。

审计检查中发现，采购办公用品 8 089 元，未签订采购合同，无财务部、党委办公室（纪检）同业务部门共同采购的手续。存在以化整为零或其他方式规避公开招标的情况。

建议：严格执行《合同管理办法》《招投标采购管理办法》。

5. 固定资产管理未实行账实分离和核对制度

《财务管理办法》规定：综合办公室负责固定资产日常管理，登记固定资产台账,定期盘点,年底与财务部核对。本次审计检查发现,固定资产管理系统由财务部登记,与综合办公室共享数据资源。综合办公室未设立固定资产台账和使用台账,固定资产盘点工作仅以财务部门提供的明细账为依据。

建议:建立资产管理部门资产使用台账,健全实物与财务账务核对机制。

6. 单位未明确内部控制关键岗位的专业能力和职业道德要求,未明确岗位职责、岗位权力以及与其他岗位或外界的关系

单位未健全内部控制关键岗位工作人员的轮岗制度,轮岗制度执行不到位。不具备轮岗条件的未采取专项审计等控制措施。

建议:完善内部控制关键岗位的专业能力和职业道德要求,对内部控制关键岗位工作人员实行轮岗制度,不具备轮岗条件的采取专项审计等控制措施。

7. 单位信息化系统对内部控制的支持不够

单位一直积极推进信息化建设,但信息系统建设深度不够,在日常办公、财务管理、资产管理、业务管理、技术管理等领域,信息化协同控制不够。单位在实施办公自动化、经济活动管理信息化系统的过程中,应当将经济活动及其内部控制的流程和措施嵌入单位信息系统,减少或消除人为操纵的因素,保护信息安全。

建议:加强信息系统辐射广度和深度,将需要进行内部控制的业务全部纳入信息化系统。

8. 财务预算编制、执行和分析评价制度有待完善

未按规定的额度和标准执行预算,资金收支和预算追加调整随意无序,存在无预算、超预算支出等问题,影响预算的严肃性;未对预算执行进行分析,沟通不畅,导致预算执行进度偏快或偏慢;未按规定开展预算绩效管理,评价结果未得到有效应用,可能导致预算管理缺乏监督。

建议:提高财务预算编制的合理性,加强预算执行的严肃性,加强预算绩效管理，建立"预算编制有目标、预算执行有监控、预算完成有评价、评价结果有反馈、反馈结果有应用"的全过程预算绩效管理机制。

9. 业财融合程度有待加强

业务部门和财会部门沟通不够，单位没有掌握所有收入项目的金额和时限，存在长期应收账款，造成应收未收，导致单位利益受损的风险。

建议：加强收入合同管理，强化项目生产控制和成果输出，加强应收账款催收力度。

七、形成内控手册

中介机构对发现的制度缺陷、执行不到位事项，以及管理建议、内控手册的修改意见初稿，与××科研院各部门沟通；根据反馈意见修改、完善出具《内部控制审计评价报告》《内控手册》修改稿，向××科研院领导和管理层汇报审计评价报告和内控手册修改建议，听取意见；出具正式《内部控制审计评价报告》《内控手册》定稿。

第十章 绩效审计

第一节 概述

一、绩效审计的概念

关于绩效审计，国内外学者有关绩效审计的提法有 20 多种，如国外学者提出的：业务审计、经营审计、业绩审计、管理业绩审计、管理审计、综合审计、效率审计、效果审计、制度审计、"3E"审计等。我国学者大多将政府审计机关开展的此类目的的审计称为"效益审计"或"绩效审计"，将企业开展的此类目的的审计活动称为"经济效益审计"，而将企业内部开展的此类目的的业务通常叫作"经营审计""管理审计"。目前，对无论内部审计还是政府审计机关开展的此类业务，更多采用了统一的叫法是"绩效审计"。

1. 审计主体

开展绩效审计的主体可以是政府审计机关、内部审计机构，也可以是第三方中介机构，但开展绩效审计的第一责任主体一般是担负审计监督公共资金公共部门绩效的政府审计机关，或者是组织内部专设的内部审计机构，或者承担该职责的内部机构，而第三方中介机构一般是接受政府审计机关或者内部审计机构的委托，承接一些绩效审计项目，因此从这个角度而言，开展绩效审计的责任主体一般是政府审计机关或内部审计机构。

2. 审计目的

无论从国家审计还是从内部审计而言，开展绩效审计的目的具有共性特征，就是实现"价值增值"。在实现价值增值的各个业务中，财务审计、合法合规审计更多是对过去财务核算结果和行为是否合乎法规制度要求进行确认，虽然也会指出问题，提出改进的建议，但很多损失已无法挽回，而绩效审计则更多是站在客观分析、评价现行绩效，从未来绩效改进的视角寻找改进的空间，是实现价值增值的理想业务模式。

3. 审计对象

绩效审计的对象可以高度抽象概括为运营管理。包括运营管理的资源获取、投入、过程、产出和效果等方方面面，既可以是项目运营管理，也可以是日常的运营管理。具体对象既可以是一个机构，也可以是一个项目、活动或一项具体的职能，项目控制、制度或政策。

4. 审计目标

绩效审计目标包括经济性、效率性和效果性，也就是所谓的"3E"目标。后来随着经济社会发展和需求层次的提高，又逐步拓展增加了环保性和公平性目标，由此形成了"5E"审计目标。

5. 审计方法

绩效审计和常规审计一样，从审计计划到审计实施，再到审计总结，都需要一套系统的方法，但除了常规的审计方法外，绩效审计还需要利用到一些数量技术方法等。

总之，绩效审计的定义可以概括为：绩效审计是对被审计单位运营管理的经济性、效率性和效果性进行的独立、客观的评价活动。

二、绩效审计的类型

（一）按照审计关注范围的大小分类

1. 全面绩效审计

全面绩效审计是指以被审计对象绩效实现的全过程或全部影响因素

为审计范围的绩效审计。这种审计方式可以对整个组织或一个项目整体开展，一般适用于长期亏损、面临破产的组织，或存在严重问题的项目，需要厘清并客观评价全链条流程和要素中存在的诸多问题，以便从整体上开出系统的解决方案。它的特点是：审计范围广，内容涵盖全面；审计资源消耗大，需要投入大量的人员、较长的时间和数额较高审计经费；对审计主体的要求比较高；审计效果滞后。

2. 局部经济效益审计

局部经济效益审计是指以被审计对象的部分经济活动或影响绩效的部分因素为审计范围开展的绩效审计项目。例如，对项目生命周期中的资金筹集环节绩效进行审计，对流动资金利用绩效进行审计等。局部绩效审计已适用于日常发生、周而复始的运营管理活动或业务活动，是解决整个过程中的某一个或某一些绩效或风险问题。它的特点是：范围小，内容不多，通过解决某个环节上的问题，来推动审计对象整体绩效的提高；审计人员投入较少，且对审计主体能力结构要求相对不高；项目时间投入较少，涉及因素环节较少。

（二）按照审计思路模式分类

1. 结果导向绩效审计

在这种模式下，审计人员检查被审计单位的绩效（经济性、效率性、效果性），并将所发现的情况与既定标准（目的、目标和规章）以及审计标准即或多或少在主要检查开始之前就已经确定进行比较。根据这种方式，所发现的缺陷很可能在于偏离了有关标准和规范方面。如果提出审计建议，这些建议经常以消除这种偏差为目标。这种模式是大部分绩效审计的开展模式，也称为"规范模式"。

2. 问题导向绩效审计

相对于结果导向模式而言，问题导向模式绩效审计，则主要关注问题的核实和分析，在这种方式下，调查清楚缺陷和问题，是审计的出发点而不是审计的结论。审计的主要任务是核实所述问题的存在性，并从不同角度分析问题（与政府项目和活动的经济性、效率性和效果性有关的问题）产生的原因。审计人员对可能的原因进行假设并对这些假设进行测试，凡是与总目标相关的所有可能的重大原因都要加以考虑。因而，这一模式也被称为"分析模式"。

（三）按照绩效审计实施时间节点分类

1. 事前绩效审计

事前绩效审计是在相关运营管理或业务活动开展前实施的审计，主要是对计划、预算、项目可行性研究报告、成本预测等事前规划资料和方案的审计。通过对事前绩效审计可以防患于未然，发现前面规划资料方案中存在的风险和瑕疵，对其加以检查核实，或剔除方案规划考虑不周的风险，避免预测不准、计划不周可能造成的绩效损失。

2. 事中绩效审计

事中绩效审计是在相关运营管理或业务活动正在进行中，整体运营管理或业务活动还未完全结束时就介入开展的绩效审计。事中审计时，一般是将运营管理或业务活动的中期运行情况与预期运营管理或业务活动的目标进行对比，以分析相关进度及绩效指标完成的情况，及时发现项目进展中存在的绩效管理问题或前期考虑计划不周的地方，提出改进建议，调整和修改计划、预算，使之更加符合客观实际，以确保其运营管理或业务活动最终的、整体绩效目标的实现。事中绩效审计是一种动态的审计，主要适用于工期较长的项目，技术先进复杂具有隐秘性的工程项目或分阶段实施推进的项目、政策。比如目前，我国审计机关开展的政策跟踪审计就是一种事中绩效审计，以推进相关政策的及时落地实施。

3. 事后绩效审计

事后绩效审计是在相关运营管理或业务活动完成后开展的绩效审计项目。通过对已经完成的运营管理或业务活动的事实状况的审查，对绩效完成情况进分析、评价，挖掘绩效变化的原因或影响因素，提出进一步改进绩效的建议。事后绩效审计是一种总结性审计,其内容可以涉及对影响绩效的各个方面和各个环节的审计,这种审计对象的载体大多是账、证、报表等会计资料和业务统计资料。其广泛应用于政府机关、企业,事业单位,是当前我国开展绩效审计的主要形式。

(四) 按照审计总目标分类

1. 经济性审计

经济性审计是指对相关运营管理或业务活动、资源投入的节约程度或成本费用、资源利用的合理性或节约水平进行的审查和评价活动。经济性审计的对象可以是整体组织的运营管理活动,也可以是针对特定项目或业务的活动。

2. 效率性审计

效率性审计是指对组织运用管理活动中投入资源与获得的产出成果之间的对比关系的审查和评价活动。其目的是通过审查评价组织运营管理活动的投入、产出对比分析,优化业务流程,提高运营管理活动的效率。

3. 效果性审计

效果性审计是指对组织开展的相关运营管理活动的预期目标实现程度进行审查和评价的活动。其实质是依据事先确定的绩效目标和实现取得的绩效结果进行对比,以评价、鉴证绩效目标的完成程度,还可以进一步分析绩效实现过程中存在的主要问题及对绩效结果产生的影响程度或者后果,以及产生这些问题的原因,并提出有针对性的绩效改进建议。

第二节　审计程序

我国绩效审计程序设计本着体现依法审计工作效率的要求、体现绩效审计的建设性特点要求，主要包括准备阶段、实施阶段、报告阶段等主要阶段。

一、准备阶段

（一）战略规划

绩效审计的战略规划是适应具有绩效审计内容比较广泛、未来不确定性较大以及时间较长等特点的审计项目的安排与策划，所以需要做好与之相关的准备工作：一是考虑绩效审计项目立法内容和项目背景，了解审计授权人或委托人所关注的问题；二是进行审计立项的论证，确定战略计划首先要开发相关信息，获取被审计单位情况及所面临的问题，对潜在问题进行分析与排序（重要性、风险性、时间性、增值性、可行性），结合审计机关可利用资源确定年度审计重点和所需经费预算，制订战略计划书；三是审计机关与被审计单位讨论并确定绩效审计工作的目标与范围。

（二）审前调查

实施审前调查的目的是为编制具体的审计计划提供依据。应根据审计项目的规模和性质安排适当的人员和时间，采取面谈、电话询问等方式对项目的基本情况进行事前调查，取得被审计项目的背景资料，内容包括被审计单位或项目的一般沿革，收集有关文件资料，了解熟悉有关政策法规，以及财务管理状况等。

审前调查应考虑成本效益因素，并找到最为合适的渠道，主要包括：法律文件和政府方针政策文件、近期的审计报告和评估结果，科学研习工作和有关调查、项目可行性研究报告和机构章程、年度报告和管理层会议记录、与被审计单位的管理层或利益相关者讨论，相对应的管理信息系统等。

（三）编制审计计划

审计计划又称审计方案，一般由审计工作方案和审计实施方案组成。审计计划的内容主要包括审计的依据、审计的目标、审计的范围、审计的重要性、审计的风险、审计所采用的方法、审计的标准、审计的时间安排、审计的人员要求（包括聘请专家）和审计证据等。当然，有些绩效审计项目由于审计范围较大，内容复杂多变，需要编制多层次的审计计划，审计计划可能细化为审计项目计划大纲、项目实施计划、项目现场作业计划等。

（四）发出审计通知书

一旦审计项目选定并编制了审计计划，审计组就要进行初步研究，以便进一步了解审计活动，明确审计中的重大事项如：审计目标、范围和重点，估计可能产生的影响，制定时间表和资金预算等，出具一份完善的审计方案，并正式发出审计通知书。

二、实施阶段

政府绩效审计的实施阶段，又称执行阶段，是审计主体直接作用于审计客体，用审计标准衡量被审事实的关键阶段。它是指审计人员开始进点至完成审计方案提出以及任务为止的过程。在这一阶段，审计人员要完成检查、取证、分析、评价等多项工作。

（一）详细调查、核实资料

审计人员进入被审计单位后，一是要根据审计方案要求，对审计对象的有关制度和数据资料进行调查审阅，并有重点地进行检验测试，使用访谈、问卷、调查和抽样方法、案例研究、文件研究、研讨会、专家（或公众）听证会等，直接观察得到第一手数据信息。检查测试的内容包括对公共管控制度测试，尤其对有关绩效控制的测试。二是对数据信息可靠程度进行测试，以验证绩效审计所依据的财政财务与管理信息资料的真实性、准确性和可靠性。三是对客观实际情况，如决策与宏观调控程序执行等进行运行测试。测试可采用座谈会、个别了解、现场观察等形式收集、补充新的信息资料。

（二）围绕专题，深入调查

专题是根据审计方案中确定的重点和初步调查测试的结果综合确定的，一般围绕审计重点展开。影响政府绩效审计的问题往往有多个重点，每个重点又由多个因素组成，在实施阶段，可根据审计判断围绕典型专题深入现场进行详尽调查。审计人员可将调查结果列成问题式调查表，分清内外、主次和因果，并针对审计目标做好审查取证工作，对关键因素与问题的检查取证要力求充分、详尽、准确。

（三）测试、分析与评价

审计人员在占有大量资料和分析证据的基础上，将调查的数据资料进行测试、计算对比，通过归纳、综合分析和对照标准，揭示矛盾，找出差距。一般的测试分析手段主要包括：

（1）程序分析，按照既定的标准和合理的控制模式对管理程序进行检测，以确定其完整性、合规性、内部一致性和有效性等；

（2）利用现有数据和证据进行分析，对公共机构管理信息系统的数据或从单个项目收集的数据进行分析；

（3）结果分析，对被审计单位某一特定领域内一些活动的检查结果进行分析，评价其活动是否符合审计标准的要求，是否令人满意；

（4）案例研究，通过对某一特定案例进行深入理解来了解复杂事项，是在对整个领域宏观把握的前提下对某一案例进行的大量说明和分析；

(5) 问卷调查，对被审计单位活动的成因、分布和各种事项的相互关系进行评价；

(6) 抽样评价，对抽样对象运用绩效审计程序以及抽样结果进行评价，以便获得足够有效的审计证据。

经过测试分析，将审计评价标准对照证据，得出各专题以及综合的评价意见。

（四）提出建议，实地检验

经过综合分析评价，找出问题的症结，审计人员便可会同专家与被审计单位有关人员提出改进的建议和办法，并协助被审计单位预测建议的可行性及其实施效果。

（五）准备审计工作底稿

实施阶段必须做好工作底稿记录，并根据审计专题进行小结，综合各专题的初步评价意见，形成要点式审计工作底稿。

三、报告阶段

报告阶段是指审计任务完成之后，根据实施阶段检查评价的情况与问题，提出改进建议和措施，编写正式审计报告，作出审计决定的过程。审计报告阶段是形成和扩大审计成果、体现审计目的、总结审计工作的过程。

（一）归纳分析、综合提高

现场工作完成后，应对审计取得的数据和资料进行汇总，将各专题的调查分析、评价意见加以集中，进行综合归纳与分析，从中找出影响公共资金使用绩效的问题和公共事业管理绩效的薄弱环节，对照评价标准，并与被审计单位和有关专家交换意见，形成政府绩效审计结果和初步的审计结论，在此基础上，由审计组准备开始写审计报告初稿。

（二）撰写审计报告

审计组在进行全面综合分析的基础上作出对被审计单位绩效现状的客观评价，提出切实可行的措施建议，撰写绩效审计报告。审计报告通常应包括内容摘要、被审计事项的背景、审计项目实施情况、审计评价意见或结论、审计发现的违法违规问题及处理处罚意见、审计建议、被审计单位的反馈意见等。

（三）审计报告公开

绩效审计报告应向社会公开，在保证遵循国家相关保密制度的前提下，尽可能全文公开发布政府绩效报告，特别是注意公开被审计单位的目标实现情况和偏差，以及被审计单位的反应。

第三节　有关评价指标分类及案例分析

一、常规绩效审计

绩效审计是指审计机关对被审计单位管理和使用财政性资金及其他公共资源的经济性、效率性和效果性进行审查、分析、评价的行为。经济性是指从事一项活动并在保证质量的前提下耗费最少的公共资源，主要关注投入和整个过程中的成本节约程度。效率性是指投入资源与产出的产品、服务或其他成果之间的关系，主要关注一定的投入实现最大化产出或者实现一定的产出时使用最少的投入。效果性是指目标实现的程度，以及实际取得的效果与预期效果的关系，主要关注政策、资金、项目等实现预期目标的情况。

绩效审计的目标是审计机关依据审计发现作出审计评价，提出审计建议，促进被审计单位改善管理，节约、高效、优质地使用财政性资金及其他公共资源，推动建立健全政府绩效管理制度，提高管理水平。

绩效审计应以真实性、合法性为基础，坚持服务性、建设性，审计机关应加强与被审计单位的沟通协调，在确定绩效审计评价标准、获取证据、形成初步结论、出具审计报告、提出审计建议等阶段后认真听取被审计单位意见，获得被审计单位的配合、支持，以提高绩效审计质量。

绩效审计业务包括常规绩效审计和专项审计调查，审计机关可以就被审计单位或审计事项的经济性、效率性、效果性进行全面审计，也可以就某些方面进行审计，由审计机关根据审计目标、审计资源等情况，对审计范围和方式作出恰当选择。

二、专项资金绩效审计

（一）概念

专项资金绩效审计是指审计机关对各部门管理和使用专项资金的经济性、效率性和效果性进行审查、分析、评价的行为。

专项资金是指各级政府为完成特定工作任务或实现某一事业发展目标而安排的具有专门用途的资金；依据法律法规及规章的规定，为支持某项事业发展，按照国家规定程序批准征收、提取的资金；政府部门、事业单位、社会团体接受社会捐赠的资金或者以政府信誉建立并向社会募集的基金。

专项资金绩效审计的目标是通过专项资金绩效审计，揭露专项资金筹集、使用、管理中存在的效益性问题，揭示专项资金政策措施的落实、执行效果，分析政策目标的实现程度，剖析问题产生原因，提出改进建议，促进被审计单位改善管理，节约、高效、优质地使用专项资金,推动建立健全绩效管理制度,提高管理水平。

专项资金绩效审计应主要选择一些政策性强,对经济、社会发展影响大,政府关心和社会关注,关系民生的重点专项资金。

(二) 审计内容

专项资金绩效审计一般以资金流向为主线,以业务活动为载体,围绕资金筹集和分配、管理、使用、效益产出等关键环节进行,重点关注专项资金项目的效果和政策目标的实现程度。

1. 资金筹集和分配审计

(1) 审查资金筹集情况。从资金来源渠道入手,摸清专项资金的性质、规模、构成和所属主管部门,审查资金筹集依据是否合法合规,征收主体、客体是否合规合法;资金征收单位是否按照筹集的目的、目标要求做到及时足额筹集,是否做到应收尽收,有无欠收的问题;配套资金是否及时配套到位,有无假配套以致影响项目实施的情况。

(2) 审查资金分配情况。了解主管部门资金管理、分配方式及分配渠道,重点核对主管部门所分配的资金与使用单位申报的内容是否一致;是否按规定及时下达分配指标,资金分配是否公平、合理,有无随意分配或"暗箱操作"的现象;根据资金性质、指标规模、用途、拨付路径,检查各环节应到位、已到位的资金数额是否真实、及时到位;检查各级主管部门是否按指标、计划、进度或规定程序,及时、足额、规范地拨付资金,有无滞留、截留、挤占、挪用以及损失浪费问题。

2. 管理活动审计

(1) 制度的建立情况及其有效性。检查是否建立了规范有效的管理和内部控制制度;是否制定了资金使用和项目管理单位责任制以及跟踪反馈、绩效考评与奖惩制度;检查各种制度是否健全有效,有无流于形式的制度和措施存在;评估制度、措施的执行是否到位。

（2）项目申报立项决策情况。立项依据是否充分，项目决策是否遵循科学化、民主化原则，立项是否进行了可行性研究，可行性研究的内容是否完整，技术经济论证是否充分，立项条件是否具备，有无脱离本地实际、违背发展规律、盲目上项目的问题；项目的布局和投向是否合理，项目安排是否统筹考虑，经济、技术条件是否成熟，项目建设是否科学。

（3）审批手续是否完备。审查申报程序是否合规，有无虚假立项、重复申报等骗取上级拨款的问题。

（4）项目概预算是否经济合理。检查预算编制是否体现科学、可行和节约的原则，是否有利于可持续发展。

3. 资金使用审计

（1）专项资金是否专用。检查使用程序是否合规，资金是否按规定实行单独建账、单独核算，各项支出有无严密的审批手续；票据是否合法，资金投放是否符合政策，支出内容是否真实；用途是否符合要求，有无截留、挪用、擅自改变用途的情况。

（2）专项资金使用是否经济。检查各项支出是否精打细算；有无违反规定扩大开支范围、提高开支标准、侵占或浪费专项资金的情况；专项资金项目对外签订的合同价格是否合理；需要招标、政府采购的项目或物资是否真正履行了规定的程序。重点揭示专项资金在使用过程中的损失浪费情况，分析其产生的原因。

（3）专项资金使用是否及时。检查项目实施的程序是否规范有效，项目组织实施是否科学并按计划完成，有无因付款不及时而影响项目实施和效果的情况。

（4）专项资金发放是否规范。对救灾、救济、扶贫、涉农补贴等专项资金，要审查款物的发放是否符合公平、公开、公正的原则。检查分配依据、标准是否合规、科学、合理；基层发放数量是否履行民主评议、登记造册、张榜公布、公开发放的程序。

4. 效益产出审计

（1）经济效益情况。主要审查项目完成后的相关财务、经济、技术能力指标，如投资回收期、获利能力、偿债能力、财务净现值等指标，以及是否增加产业化程度、提高生产能力、增加产品科技含量和附加值等。

（2）社会效益情况。主要审查项目运行后在增加税收、解决就业、改善民众生产生活条件、拉动周边和相关产业成长、促进区域规模经济形成、提升抵御自然灾害能力、提高重大疫情防控能力等方面的效益情况。

（3）资源与生态效益情况。主要审查项目对资源的消耗与利用情况；环保法规、政策和标准的执行情况；噪声、污染物等排放是否控制在规定标准之内，治理措施是否有效，改造生态的能力如何等。

（4）项目后续发展情况。审查资产接收管理的主体是否合法及其管理能力如何；项目所规定的目标是否可以继续，项目是否可以持续发挥作用；现行管理体制能否满足长远发展需要，运行收入与成本费用有无严重倒挂，使运行难以为继而无法长远发展。

（三）评价指标

1. 财务类指标

（1）资金到位率 $= \dfrac{\text{实际到位资金总额}}{\text{专项资金计划投入金额}} \times 100\%$

（2）资金拨付到位率 $= \dfrac{\text{实际拨付资金金额}}{\text{专项资金计划拨付金额}} \times 100\%$

（3）资金利用率 $= \dfrac{\text{实际可用于专项的资金额}}{\text{中央、地方、部门配套资金总额}} \times 100\%$

（4）资金使用到位率 $= \dfrac{\text{实际使用资金额}}{\text{专项资金应使用金额}} \times 100\%$

2. 管理类指标

（1）项目可行性论证比重。即符合要求的项目可行性论证项目数与实际的项目可行性论证项目数的比例。

（2）专项资金项目的可行性。即实际效益值与可行性目标效益值的比率，其中，实际效益值可以通过成本效益分析结果值确定，可行性目标效益值根据可行性研究报告的标准值或行业标准值确定。

（3）审核审批比重。对专项资金项目从项目立项、可行性报告、项目计划、资金下拨到项目验收都应有审核审批。审核审批比重是实际审核审批次数占要求审核审批次数的比例。

（4）项目招投标率。项目招投标率是实际项目招投标的资金额与制度要求招投标的资金额的比率。

（5）管理制度健全有效性。健全有效制度的个数与要求执行的管理制度总数的比率。

3. 效益类指标

（1）经济效益。通过对项目实施前后预期经济效益与实际经济效益进行分析比较，评价资金使用的经济性、效率性。

（2）社会效益。就项目实施对本区域经济发展、自然环境等方面的影响以及对项目单位改进和加强管理、提高工作效率等方面的效果，评价资金使用的社会效益。

（3）生态效益。就项目实施过程中是否保持生态平衡和生态系统的良性、高效循环，对自然环境产生有益影响和有利效果，评价资金使用的生态效益。

三、资源绩效审计

（一）概念

资源是指自然资源。自然资源在一定的时间和地点条件下能够产生经济价值；以提高人类当前和未来福利的自然环境因素和条件，包括土地资源、森林资源、水资源、气候资源、矿产资源及生物资源等。

资源绩效审计是指审计机关依据有关法规，按照一定的标准，运用适当的程序和方法，对资源政策、资源项目、资源开发利用、保护等的经济性、效率性和效果性进行审查、分析、评价的行为。

资源绩效审计的目标是维护国家资源利益，防范资源风险，保障国家资源环境安全,促进资源可持续利用。

资源绩效审计可以选择某类资源专题开展,也可以结合环境审计、财政审计、投资审计、经济责任审计等其他专业审计结合开展。

(二)审计内容

资源绩效审计的内容应当重点围绕资源的社会绩效、经济绩效和生态环境绩效展开,这里侧重介绍矿产资源、水资源和土地资源审计的内容。

1. 矿产资源绩效审计

(1)审查矿产资源总体规划;

(2)审查矿产资源勘查、开发利用和保护等专项规划;

(3)审查矿产资源勘查和开采;

(4)审查矿产资源开发利用和保护。

2. 水资源绩效审计

(1)审查水资源规划;

(2)审查水资源节约;

(3)审查水资源保护;

(4)审查水资源生态环境。

3. 土地资源绩效审计

(1)审查土地利用总体规划;

(2)审查土地利用年度计划;

(3)审查耕地保护;

(4)审查建设用地;

(5)审查征地管理;

(6)审查供地政策和标准;

(7)审查土地集约利用;

(8)审查国有土地使用权出让;

(9)审查土地质量;

（10）审查生态环境建设。

（三）评价标准和评价指标

1. 评价标准

资源绩效审计评价标准主要有：综合性环境资源保护法及单项法；各种自然资源总规划和开发利用规划；自然资源管理政策、条例、标准；生态环境效益标准；经济效益标准；社会效益标准；防灾减灾标准；城市总体规划。

2. 评价指标

资源绩效审计评价指标由社会绩效评价指标、经济绩效评价指标和生态环境绩效评价指标组成。社会绩效评价指标主要是对资源利用方式对人们生活质量和生活公平性的影响以及人们对它认可、参与的程度进行评价。经济绩效评价指标主要是对各种资源利用方式下资源的生产力和生产效益进行分析与综合评价。生态环境绩效评价指标主要是对资源利用方式的适宜性，即资源利用方式对资源基本属性的影响和结果进行分析和评价。

（1）社会绩效评价指标。社会绩效评价指标由区域居民生活水平、资源占用水平、区域人口结构和发展潜力水平等四个方面的指标构成，用于综合评价资源利用方式是否促进人民生活质量和社会文明程度提高，满足人们需求和社会发展需要。

区域居民生活水平以恩格尔系数、人均粮食占有量、人均肉奶、人均水产品和人均住房等指标进行评价。

资源占用水平以人口密度、资源存量、人均资源占用量、资源数量变化率、资源开发利用程度、后备资源数量及等级和农林牧渔占地面积等指标进行评价。

区域人口结构以外来人口比例、人口自然增长率、城镇化水平、初中以上受教育人口比重等指标进行评价。

发展潜力水平以单位面积路网（航线）密度、单位面积机械总动力、万人拥有科技人员数等定量指标结合资源的勘探及研究进展、资源长远规划和资源综合利用前景综合进行评价。

（2）经济绩效评价指标。经济绩效评价指标由资源投入产出、资源经济利用两个方面的定量指标构成，用于评价资源利用经济上的合理性和可行性，反映资源利用对社会经济增长和人们福利增加的促进作用。

资源投入产出以投入产出率和资源容量等指标进行评价。投入产出率反映单位资源所提供的产品或服务数量，如单位能耗所能创造的国内生产总值、国民生产总值或单位能耗所能生产的产品量等。资源容量反映单位产品中某种自然资源的含量，如每吨钢材的能源消耗量、单位工业产值的能耗、单位谷物产量的消耗。

资源经济利用以资源利用强度等指标进行评价，反映对可更新资源利用和索取的强度。如单位草场的载畜量、单位耕地面积农产品量、水域捕捞强度和索取强度等。对可更新资源的利用进行评价时，要注意资源耗用速度与更新速度相等的那个点，耗用速度快于更新速度就会导致资源总量（如生物种群数量）的减少，就是利用过度。

（3）生态环境绩效评价指标。生态环境绩效评价指标由生态质量、生态系统投入和生态要素变化三个方面的定量指标构成，用于评价资源生态系统的生产性、安全性和公平性。

生态质量以土壤肥力指数、水质量指数、工业污染指数、流失泥沙量和携带氮、磷和钾等营养物质量等指标进行评价。

生态系统投入以污染治理投资增长率、单位土地面积化肥用量、单位土地面积农药用量等定量指标结合土壤改良、耕地生产能力恢复和提高，采种、育苗、育林、营林和防治病虫害、水产育苗、水利建设、废气废水净化、复垦废弃地等情况进行评价。

生态要素变化以森林（植被）覆盖率、人均绿地、人工植被与天然植被面积比、土壤肥力状况、建筑容积率提高、各种资源被污染损害的面积和强度等指标进行评价。

资源绩效审计可采用指标综合评价方法。该方法从可持续发展目标内涵出发，从生态绩效、经济绩效和社会绩效等方面构建了资源可持续利用的评价指标体系，以此对资源绩效进行综合衡量和评价。

四、"××省义务教育薄弱环节改善与能力提升计划"专项资金绩效审计案例

（一）案例背景

为了落实××省义务教育薄弱环节改善与能力提升计划专项资金，××省审计厅成立审计组，对省属义务教育阶段学校及教育机构使用该资金绩效情况进行了审计。

1. 项目概况

201×—201×年，教育部、国家发展改革委、财政部启动了"全面改善贫困地区义务教育薄弱学校基本办学条件"（以下简称"全面改薄"）的工作，极大改善了贫困地区义务教育学校基本办学条件。但在部分地区，义务教育学校"城镇挤、乡村弱"现象还比较突出，为进一步巩固全面改善贫困地区义务教育薄弱学校基本办学条件工作成果，201×年7月，教育部、国家发展改革委、财政部发布《关于切实做好义务教育薄弱环节改善与能力提升工作的意见》（教督〔201×〕××号），启动义务教育薄弱环节改善与能力提升计划项目（以下简称"改提计划"），为期两年。改提计划是在"全面改薄"的基础上，继续加大义务教育建设，统筹长效机制资金、农业转移人口市民化奖励、城区学校建设补助、教育现代化推进工程投资等多方面资金，纳入义务教育薄弱环节改善与能力提升工作。

改提计划项目管理按照"中央补助、省级统筹、县级实施"的方式进行，某省教育厅、省发展改革委、省财政厅联合成立了某省基础教育学校规划建设工作协调小组。项目资金由某省财政厅、省教育厅共同管理，省教育厅负责审核各市（区）相关资料和数据，提供资金测算需要的基础数据以及资金需求测算方案。省财政厅会同省教育厅

研究确定有关市（区）补助资金预算金额。县（区）级财政、教育部门负责落实资金管理主体责任，加强区域内相关教育经费的统筹安排和使用。

2. 资金安排

改提计划201×年—202×年项目规划资金总额71.82亿元。其中，201×年投入资金共计31.02亿元。按资金来源划分，中央资金13亿元，占比41.9%；省级统筹安排资金18.12亿元，占比58.41%，其中省级统筹8.65亿元，省级专项资金9.37亿元。201×年改提计划资金分配详见表10-1。

表10-1　　　　　　　　　改提计划资金分配表

地市	项目学校（所）	批复资金（万元）	资金占比（%）
A市	59	26 457.00	8.53
B市	39	25 212.00	8.13
C市	77	23 356.00	7.53
D市	30	8 426.00	2.72
E市	78	33 651.00	10.85
F市	96	27 389.00	8.83
G市	76	24 686.00	7.96
H市	50	23 926.00	7.71
I市	164	67 903.00	21.89
J市	169	35 846.00	11.56
K市	1	3 217.00	1.04
L新区	12	7 765.00	2.50
M示范区	10	2 356.00	0.76
合计	861	310 190.00	100

3. 项目绩效目标

依据某省财政厅、省发展改革委、省教育厅印发的《切实做好义务教育薄弱环节改善与能力提升工作的实施意见》（某教〔201×〕××号）设定的主要目标及重点任务，明确改提计划绩效目标。

（1）绩效目标。一是消除城镇学校大班额。结合某省大班额实际情况，通过新建、改扩建等方式，在资源紧缺的区域，有序增加学位供给。到202×年底，全省消除66人以上超大班额，基本消除56人以上大班额，全省大班额比例从201×年的12.6%减少到202×年底的5%以内。

二是加强两类学校建设。科学合理设置乡镇寄宿制学校和乡村小规模学校，基本补齐两类学校短板，办学条件达到省定基本办学标准，确保易地扶贫搬迁安置点义务教育学校布局规划建设。

三是提升农村学校信息化应用水平和创新能力。实现农村义务教育学校网络教学环境全覆盖，实现优质教育教学资源共享，不断提升农村学校教育信息化应用水平。

（2）绩效指标。某省财政厅、省教育厅《关于下达201×年义务教育薄弱环节改善与能力提升补助资金预算的通知》（某财办教〔201×〕××号）中设定了项目绩效指标，详见表10-2。

表10-2　　201×年义务教育薄弱环节改善与能力提升补助资金绩效目标表

一级指标	二级指标	三级指标	指标值
产出指标	数量指标	覆盖县区数	112个
		覆盖学校数	以实际执行为准
		校舍建设面积及设备购置数量	以实际执行为准
	质量指标	校舍建设及设备购置合格率	100%
		城镇学校大班额	明显减少
		两类学校建设	有效加强
效益指标	社会效益指标	贫困地区义务教育学校办学条件	进一步改善
	可持续影响指标	贫困地区义务教育保障体系	进一步健全
满意度指标	服务对象满意度指标	学生、家长满意度	≥80%

（二）审计过程

1. 审计对象和范围

审计对象是义务教育薄弱环节改善与能力提升项目专项资金的绩效结果，具体包括项目的决策、过程、产出和效果，专项资金的预算、拨付和使用。评价范围包括项目实施部门（省教育厅、发改委、财政厅）、项目执行的 13 个市（区）和学校等财政资金使用主体。

2. 审计重点和主要内容

（1）决策。主要审计项目立项依据充分性、项目目标和内容科学性，以及资金分配规则合理性等。

（2）过程。主要审计项目的项目管理和财务管理。

（3）产出。主要审计项目产出的数量指标、质量指标。

（4）效果。主要审计项目产生的社会效益、生态效益、可持续性影响和相关方满意度等。

3. 审计依据

（1）审计准则；

（2）《财政部关于印发项目支出绩效评价管理办法的通知》（财预〔202×〕××号）；

（3）《某省财政厅关于开展 2019 年度财政支出绩效评价工作的通知》（某财办〔202×〕××号）；

（4）《关于编制某省义务教育薄弱环节改善与能力提升工作项目规划（201×—202×年）的通知》（某教〔201×〕××号）；

（5）《关于切实做好义务教育薄弱环节改善与能力提升工作的实施意见》（某教〔201×〕××号）；

（6）《关于下达 201×年义务教育薄弱环节改善与能力提升补助资金预算的通知》（某财办教〔201×〕××号）；

（7）《某省教育厅关于全省义务教育薄弱环节改善与能力提升工作

情况的报告》（某教字〔201×〕××号）；

（8）《关于201×年义务教育薄弱环节改善与能力提升补助资金建设项目的批复》（某教〔201×〕××号）；

（9）《关于印发某省义务教育薄弱学校改造专项资金管理办法的通知》（某财办教〔201×〕××号）。

4. 审计方法

（1）比较法。通过比较项目绩效目标与实施效果、项目实施前后相关数据，综合分析项目目标实现程度。

（2）因素分析法。通过分析项目目标实现的影响因素及其相互关系，评价项目实施产生的影响。

（3）专家评判法。通过引入相关行业专家，对项目立项科学性、管理实施有效性、项目实施可持续性等给出专家意见。

（4）成本效益分析法。通过统计项目在市（区）层级具体实施过程中的实施方法、实施工作量和实施资源投入，分析政策实施的效率性。

（5）公众评判法。通过对项目的直接受益者、间接受益者和实施执行者等不同公众群体的问卷调查和现场访谈，全面了解项目日常管理的基本情况，对项目产出、效益情况进行探讨，听取项目实施部门的意见和建议。对项目实施情况开展实地调研，听取利益相关方的意见和建议，核实相关信息和数据等，评价项目目标的实现程度。

（6）问卷调查法。通过设计资金使用主体调查问卷、项目实施主体调查问卷和受益方调查问卷，调查各相关方对项目的满意程度。

5. 审计程序

审计工作分为三个阶段：准备阶段、实施阶段、撰写并报送报告阶段。

（1）准备阶段

①收集资料，了解政策基本情况。根据审计对象和任务要求，通过

查阅文献资料,与某省财政厅教科文处、某省教育厅等相关部门座谈、对接等方式,获取项目文件等基础资料,全面了解项目设立背景、制度建设、执行情况、实施效果等方面情况。

②制订审计工作方案。根据审计对象的特点和审计工作时间安排,编制形成绩效审计工作方案,明确项目概况、审计目的和对象、审计方式方法、资料清单、现场调研行程以及人员安排等内容。

③审核绩效审计工作方案。审计工作方案经单位领导研究审定后,根据审定意见修改完善,为本次绩效审计工作提供指引。

(2) 实施阶段

①各地市(区)审计相关资料收集整理。收集某省各地市(区)项目工作方案、项目实施情况、专项补贴资金申报下达文件和绩效自评报告等基础资料,深入了解各市(区)资金分配方式和测算因素等关键信息。

②调研核查。根据资料审核情况,针对项目审计重点深入开展绩效评价调研,采用现场调研和非现场调研相结合的方式。现场调研包括三个地市;非现场调研包括10个地市(区)。

③汇总各市(区)审计情况,形成初步审计意见。

④审核初步审计结论。

(3) 撰写并报送报告阶段。审计工作组按照规定格式和相关要求撰写绩效审计报告,并按照规范的工作底稿管理办法整理归档有关资料。

6. 审计评价指标分析

(1) 决策指标分析。该指标分值20分,评价得分17.44分。评价认为项目决策依据充分,但仍存在以下问题:一是绩效目标设置不够合理、明确;二是个别行政区下辖开发区的地市补助资金标准制定不够合理;三是部分市(区)资金二次分配测算依据不够充分。各项指标得分详见表10-3。

表 10-3　　　　　　　　决策类三级指标得分情况

一级指标	二级指标	三级指标	指标分值	得分
决策	项目立项	立项依据充分性	3	3
		立项程序规范性	3	3
	绩效目标	绩效目标合理性	3	1.81
		绩效指标明确性	3	2.75
	资金安排	补助资金标准制定合理性	3	2.75
		资金分配合理性	5	4.63

（2）过程指标分析。该指标分值40分，评价得分33.04分。评价认为项目管理过程有效，但存在如下问题：一是缺失有效的组织保障；二是预算执行率偏低；三是管理制度不健全；四是专项资金使用不合规。由于项目开工时间短，加之受到新冠肺炎疫情影响，部分项目仍未开工，导致项目预算执行率得分偏低，仅为1.02分，但鉴于综合因素对改提计划的影响，评价组对预算执行率进行了指标修正。各项指标得分详见表10-4。

表 10-4　　　　　　　　管理类三级指标得分情况

一级指标	二级指标	三级指标	指标分值	得分
过程	项目管理	组织保障有效性	3	2.63
		管理制度健全性	4	3.38
	财务管理	制度执行有效性	4	3.44
		审计监督检查问题整改	3	2
		资金到位率	4	4
		到位及时率	4	3.50
		预算执行率	5	4.02
		管理制度健全性	3	2.81
		资金使用合规性	5	4.13
		财务监控有效性	5	3.13

（3）产出指标分析。该指标分值20分，评价得分14.29分。评价认为项目产出完工质量符合要求，大班额消除完成率达到目标，但因资

金预算下达时间较晚、项目尚处于实施阶段且受到新冠肺炎疫情影响,导致教育设施设备类项目产出偏低。三级指标得分详见表 10-5。

表 10-5　　　　　　　产出类三级指标得分情况

一级指标	二级指标	三级指标	指标分值	得分
产出	产出数量	教育设施续建、新建项目实际完成率	4	1.15
		教育信息化设备购置项目实际完成率	4	2.18
		大班额消除完成率	4	4
		两类学校设施完成率	4	2.96
	产出质量	教育设施完工质量	4	4

（4）效果指标分析。该指标分值 20 分,评价得分 14.5 分。为客观评价改提计划项目实施效益,评价组向现场调查的 2 个地市、6 个区（县）、8 所学校（城区 5 所、乡镇 3 所）的 160 位在校老师、120 位学生家长发放 280 份调查问卷,收回 280 份,有效问卷 280 份,占问卷总量的 100%。但由于改提计划目标多重、启动时间较晚、评价时期较短,大部分实施项目均未竣工,改提计划实施效益相对有限。三级指标得分详见表 10-6。

表 10-6　　　　　　　效益类三级指标得分情况

一级指标	二级指标	三级指标	指标分值	得分
效果	社会效益	提高义务教育环节教学质量	3	2.50
		"入学难""大班额"问题缓解程度	4	3.50
	生态效益	进行"厕所革命"提高周边环境质量	2	2
	可持续影响	教育资源扩大情况	3	3
	社会公众或服务对象满意度	群众知晓率	4	1.75
		师生满意度	4	1.75

（三）审计结论

审计工作组认为,改提计划符合国家中长期教育改革和发展战略规划方向,符合某省紧密围绕整体改善义务教育办学条件和提升教育质量的基本要求，政策依据充分且目标较为明确。

201×年改提计划覆盖全省义务教育阶段学校861所，惠及学生70.68万人，新增校舍面积118.6万平方米、体育场地57.79万平方米、仪器设备购置10.89万（台件套）。通过改提计划的实施，增加了学位，有效缓解了城区"入学难"的问题，"大班额"问题也逐步消除，两类学校建设得到加强。根据现场调研情况来看，省级专项资金全部到位，资金使用基本规范。但因资金到位时间较晚，且受新冠肺炎疫情影响，导致项目启动时间较晚、预算执行率普遍偏低。同时，部分项目存在实际与原申报内容不相符、可行性研究滞后等问题，一定程度上影响了项目绩效目标的实现及效益的发挥。

（四）审计查找出的问题

1. 个别地市资金预算测算分配标准与中央、省级测算原则不一致，资金分配不合理

改提计划专项资金由中央、省级按照因素法（区域因素、基础因素、投入因素、绩效因素等）制定资金预算测算分配标准，要求区县实施单位按此标准进行改提计划规划项目上报，进行资金预算分配和下达，但只分配下达至行政区。而对于行政区下辖开发区的地市，个别地市仅依据上年义务教育阶段学生人数这一单个因素进行分配，分配因素不够合理。

2. 部分区县实际执行项目与批复项目不一致，资金使用不合规

L市某县××小学改提计划批复项目为3 334平方米的教学及辅助用房（综合楼），批复资金1 000万元。实际资金用于×小学室外工程、校园硬化及运动场地项目，项目总投资2 011.55万元，项目实际建设内容与批复内容不一致。K市某区将批复用于校舍建设、教学设备购置的201×年改提计划专项资金365.14万元，分别用于向未经批复的A九年制学校综合楼建设支付300万元、B九年制学校运动场改造项目支付38万元、某区示范区（试验区）中小学幼儿园安全监控系统建设服务项目支付

27.14万元，资金使用不合规，不符合专项资金"专款专用"的要求。

3. 个别区县资金预算下达不及时，影响项目实施进度

根据《中央对地方专项转移支付管理办法》（财预〔201×〕××号）中有关规定：上级政府有关部门分配时已明确具体补助对象及补助金额的，基层政府财政部门应当在7个工作日内下达至本级有关部门。根据现场调研情况，发现L市某区财政局未能及时完成项目资金下达。某区财政局自201×年11月收到资金预算后直至202×年6月才向某区教育体育局下达，延迟下达7个月之久，一定程度上对项目实施进度产生了不利影响。

4. "改提计划"群众知晓率、师生满意度较低，项目效益不明显

通过对280份现场调查问卷数据信息汇总分析，发现当前改提计划群众知晓率、师生满意度较低。其中，31.39%的学生家长不知晓改提计划政策，17.5%的在校老师不知晓所执教的学校是改提计划实施单位；15.83%的学生家长对孩子就读的学校当前环境并不满意，50%的在校老师对当前教学环境并不满意，改提计划当前效益并不明显。

（五）审计建议

1. 加强改提计划省、市、（区）县专项资金分配的协同作用，合理分配改提计划专项资金

建议省级财政、教育部门在专项资金预算控制数下达分配时，针对行政区下辖开发区的情况，明确具体的测算依据和标准。地市（区）财政、教育行政部门严格执行省级制定的测算标准和依据，合理分配专项资金，避免资金分配对薄弱区域教育资源扩大程度产生不利影响。

2. 严格专项资金管理使用，提高改提计划执行效率

建议区县财政、教育行政部门严格按照改提计划批复项目进行专项资金的使用，建立专项资金项目库，专款专用，专账核算，严格执行国库集中支付制度，确保资金使用可检查、可监控和可考核。实施单位加强项目支出管理，严格按照相关会计制度规定，争取归集项目支出，完整反映项目财务状况

3. 规范基层财政部门改提计划专项资金预算下达，保证项目顺利实施

建议基层财政部门严格按照中央、省级文件要求，及时下达专项资金预算，减少因资金到位不及时而对项目整体实施进度的影响，保证项目顺利实施。

4. 提高改提计划地市层面公示及政策宣传力度，扩大群众知晓范围

建议区县、实施单位进一步优化政策公示、宣传及监督等工作，确保政策宣传到位、程序执行到位。

第十一章 经济责任审计

第一节 概述

经济责任是指领导干部在本单位任职期间,对其管辖范围内贯彻执行党和国家经济方针政策、决策部署,推动本单位事业发展,管理公共资金、国有资产、国有资源,防控经济风险等有关经济活动应当履行的职责。经济责任审计是指由独立的审计机构和审计人员依据党和国家的方针、政策、财经法令、法规、制度以及计划、预算、经济合同等,对经济责任关系主体经济责任的履行情况进行监督、审查、评价和证明的一种审计方式,是国家审计的创新,也是我国特有的一种经济监督方式。内部经济责任审计是指内部审计机构、内部审计人员对本单位所管理的领导干部在任职期间的经济责任履行情况的监督、评价和建议活动。

从1999年起二十多年的审计实践看,经济责任审计显现了其他审计无法替代的作用,无论是在保护国家财产安全、完整、保值、增值方面,还是健全领导干部的监督管理、促进廉政建设方面,都取得了显著的成效,发挥了重要的作用。

一、行政事业单位内部经济责任审计的概念

行政事业单位内部经济责任审计(以下简称"经济责任审计")是

指在行政事业单位内部，审计机构或专职内部审计人员，商同级组织人事部门，或根据组织人事部门的书面建议，根据国家经济责任审计、内部审计等相关法律法规的规定，对行政事业单位所管理的领导干部任职期间的经济责任进行的监督评价和建议活动。

二、审计对象

行政事业单位经济责任审计的对象包括单位主要领导干部，以及所属非独立核算但负有经济管理职能单位的主要领导干部，单位本级中层主要领导干部、下属机构主要领导干部，包括但不限于掌握重要资产的部门和机构的主要领导干部或上级以及本单位内部确定的其他重要岗位人员等。本着精简程序和提高效率的原则，对单位内同一部门、同一所属单位的2名以上领导干部的经济责任审计，可以同步组织实施，分别认定责任。

三、经济责任审计范围

行政事业单位内部经济责任审计范围是被审计领导干部的任职部门或单位，必要时可就有关事项延展至其他部门或单位。时间范围可以是整个任期也可以是某段任期（任期以组织人事部门的通知文件为准），任职时间较长的可以以最近一任为重点进行审计，重要事项或问题可延伸审计或调查到以前年度。

四、组织方式

行政事业单位经济责任审计应当按照干部监督管理需要和审计资源等实际情况有计划地进行，对审计对象实行分类管理，科学制订年度审计计划，推进领导干部履行经济责任情况审计全覆盖。

就组织方式而言，不外乎两种形式，即先审后离和先离再审。先审后离是对被审计的领导人在当前岗位上的经责审计，即任中审计。这种形式，审计在前，离任在后，因此应当包括审后即离和审后不离，也就是我们进行的年度审计、任中审计。先离后审则是在被审计领导干部离任后对其原任职期间履行经济责任进行审计，相应地包括离任后已任职和待任职或不任职几种情况，这两种方式都是对领导干部实施经济责任审计的有效方法。从理论上讲，先审后离是主要形式，先离后审是辅助方式，但实际工作中往往是先审后离适用于任中审计，而先离后审的情况则是较多使用的。

五、审计程序和方法

（一）审计程序

经济责任审计可分为审计准备、审计实施、审计报告和后续审计四个阶段。

1. 审计准备

审计准备阶段主要工作包括：组成审计组、开展审前调查、编制审计方案和下达审计通知书。审计通知书送达被审计领导干部及其所在单位，并抄送同级纪检监察机构、组织人事部门等有关部门。

2. 审计实施

审计实施阶段主要包括：召开审计进点会议、收集有关资料、获取审计证据、编制审计工作底稿、与被审计领导干部及其所在单位交换意见，被审计领导干部应当参加审计进点会并述职。

3. 审计报告

审计报告阶段主要包括：编制审计报告、征求意见、修改与审定审计报告、出具审计报告、建立审计档案。

4. 后续审计

后续审计阶段包括：移交重大审计线索、推进责任追究、检查审计发现问题的整改情况和审计建议的实施效果。

（二）审计方法

内部审计人员应当依据审计目标，综合审计的重要性、审计风险和审计成本，选择使用审核、观察、监盘、访谈、调查、函证、计算和分析等审计方法，充分运用信息化手段和大数据分析，获取相关、可靠和充分的审计证据，查找审计对象在经济责任履行过程中的问题。

六、实施意义

经济责任审计的目的在于厘清经济责任人任职期间在单位或部门开展的经济活动中的责任，为单位有关部门考核使用干部或其他经济事项提供依据和参考，现实中，规范开展经济责任审计有非常重要的意义。

（一）规范完善干部监督管理

"干部"一词是民国时期由日本引入中国的，是骨干部分的意思，通常指国家机关、军队、人民团体中的公职人员以及从事一定的领导工作或管理工作的人员。在我国，领导干部是指除党和国家领导人之外，省部级、地厅级、县处级、乡镇和科级以上在领导岗位上的干部，统称为党政领导干部。针对领导干部的经济责任审计，通过对领导干部的任期、任中应承担的经济事项对应的责任进行认定和评价，将审计结果与干部任用挂钩，有助于对干部考核做到定性与定量相结合，用客观数据作为有效支撑，也可以使干部选拔、监督制度化、规范化，最大限度做到客观、科学、透明，对于构建科学严密的干部管理监督体系有不可替代的作用。

（二）促进干部依法行政，提高履行经济责任的能力

依法行政是指行政机关必须依据法律法规的规定设立，并依法取得

和行使其行政权力,对其行政行为的后果承担相应的责任的原则。这也是在现有的经济体制下,我国政治、经济及法治建设发展的必然要求和结果。内部审计机构在广泛充分的证据基础上,对单位领导干部定期进行经济责任认定和评价,是督促领导干部在涉及经济活动的各种事项过程中把依法行政落到实处的有效手段,可以促使干部在决策、审核、审批过程中自觉遵守法律法规和财经制度,审慎用权,科学依法决策,把责权利有机结合,提高履行经济责任的能力。

(三) 促进单位完善制度,遏制腐败,做实党风廉政建设

通过单位内部经责审计,发现问题,及时查漏补缺,涉及有关领导干部可以起到"扯袖子、咬耳朵"的作用,防患于未然,起到"治未病"的作用。同时,通过审计,会对领导干部在执行各项法规纪律、个人遵守廉政纪律等方面作出审核和评价,评价纳入干部考核提拔任用范围,审计结果进个人档案,这可以促使干部自觉增强廉洁从政的意识,从根本上遏制腐败的产生。

第二节 审计内容

审计内容是审计实施中的具体事项,在我国,审计实践一般分为财政财务审计、经济效益审计和财经法纪审计三类。其中,财政财务审计是对财政财务收支活动的真实性、合规性作出判断;财经法纪审计是对财政财务收支的合法性进行重点审查,本质上也是财务审计范畴;经济效益审计是对经济活动的有效性进行考核和评价。审计实际操作中,这三类内容在要求上虽有侧重,但相互联系、彼此交融。

一、经济责任审计内容

经济责任审计内容,是内部审计机构应当根据被审计领导干部的职责权限和任职期间履行经济责任的情况,结合被审计领导干部监督管理需要、履职特点、审计资源以及任职期间所在单位的实际情况,依法依规确定的审计内容。

根据《第2205号内部审计具体准则——经济责任审计》第十四条规定,经济责任审计的内容一般包括:

(1) 贯彻执行党和国家经济方针政策和决策部署,推动单位可持续发展情况;

(2) 发展战略的制定、执行和效果情况;

(3) 治理结构的建立、健全和运行情况;

(4) 管理制度的健全和完善,特别是内部控制和风险管理制度的制定和执行情况,以及对下属单位的监管情况;

(5) 有关目标责任制的完成情况;

(6) 重大经济事项决策程序的执行情况及其效果;

(7) 重要经济项目的投资、建设、管理及效益情况;

(8) 财政财务收支的真实、合法和效益情况;

(9) 资产的管理及保值增值情况;

(10) 自然资源资产管理和生态环境保护责任的履行情况;

(11) 境外机构、境外资产和境外经济活动的真实、合法和效益情况;

(12) 在经济活动中落实有关党风廉政建设责任和遵守廉洁从业规定情况;

(13) 以往审计发现问题的整改情况;

(14) 其他需要审计的内容。

二、需要审核的资料

(一) 有关重大政策贯彻执行以及推动单位发展方面

审计人员应该审核的资料包括被审计领导干部任免文件、任职期间领导班子职责分工文件、任职期间单位年度工作计划、工作总结以及所属部门的年度工作总结报告、被审计干部述职述廉报告、任职期间单位党组、党支部、党政联席会等会议记录、文件收发记录，有关领导重要批示或交办事项文件或记录、系统内上级主管部门或本级其他审计、纪检、巡察等部门对本单位检查审计的工作报告和处理意见等，必要时还要提供本单位对上级主管部门提交的有关贯彻党和国家经济方针政策和决策部署，推动单位可持续发展情况的总结、汇报、报告等文件资料。

（二）有关发展战略、管理制度和内控等制度的制定等方面

审计人员应当审核行政事业单位的工作文件、内部管理制度文件、单位规划部门的工作总结及各类报告、单位发展战略制定、中长期规划编制、"三重一大"具体规定和流程、单位内部控制的机构的具体工作职责、流程等具体实施工作总结、报告以及上级或同级部门对上述工作的检查审计报告和其他鉴定性文件。

（三）重要经济决策及效果、重要经济项目投资、建设管理及效益方面

审计人员应当审核有关文件、会议纪要、会议记录、决策事项报告、调查研究报告、专家咨询论证报告、项目批复文件、预算管理、基本建设、投资项目全过程管理资料、招投标、经济合同、审计结算以及财务决算报告等以及项目的经济和社会效益成果资料等文件，上级或同级部门对上述事项的检查审计及鉴证性报告等资料。

（四）财政财务收支的真实性、合法性和效益情况

审计人员应审核预算管理、编制文件、项目立项、审核批复资料、验收及检查评审报告等；财务会计资料，单位制定的各类财务制度及管理办法；非税收入的审批文件、收费许可证和票据以及缴款凭证和具体的业务数据；单位接受的上级或本级有关财政财务真实性、合法性效益情况的检查、审计等情况的报告资料等。

（五）资产管理及保值增值情况

审计人员应审核单位各类报表和年度决算报表（含决算分析报告）；会计账簿和相关会计资料；资产购置预算、政府采购预算批复等审批文件；采购合同、验收资料实物统计报告、盘点报告等资料；资产增减、登记、评估、转让、处置相关资料；资产管理文件及相关内部控制文件等；单位接受上级或同级检查审计的报告资料等。

（六）在经济活动中落实有关党风廉政建设责任和遵守廉洁从业规定的情况

审计人员应审核单位年度工作总结、领导干部个人述职、述廉报告；领导干部个人收入和税收情况，因公出国境、公务消费、个人用车及住房情况；党委会、办公会、党政联席会的有关文件及会议纪要、记录；上级部门或单位内设组织人事部门、纪检等监督部门提供的关于该领导的个人事项报告情况，若有举报，还要查看有关举报的具体内容。

（七）以往审计发现问题的整改情况及其他需要审计的内容

上述事项中有关上级或同级部门对本单位以及领导人的各类检查、审计报告；单位整改报告及相关佐证支撑材料等。其他需要审计的内容根据实际工作情况查看相应的审计资料。

（八）有关自然资源资产管理和生态环境保护责任履行情况以及境外机构、境外资产和境外经济活动的真实、合法效益情况遵照有关准则执行，不再赘述

三、领导干部应承担的经济责任

领导责任是指领导者对某项工作或某一件事情所负担的责任，经济

责任审计主要是被审计领导干部在履行经济责任过程中存在的问题。内部审计机构按照权责一致的原则，根据领导干部职责分工及相关问题的历史背景、决策过程、性质、后果和领导干部实际发挥的作用等情况，界定其应当承担的直接责任或领导责任。

（一）领导干部对履行经济责任过程中的下列行为应当承担直接责任

1. 直接违反有关党内法规、法律法规、政策规定的；
2. 授意、指使、强令、纵容、包庇下属人员违反有关党内法规、法律法规、政策规定的；
3. 贯彻党和国家经济方针政策、决策部署不坚决不全面不到位，造成公共资金、国有资产、国有资源损失浪费，生态环境破坏，公共利益损害等后果的；
4. 未完成有关法律法规规章、政策措施、目标责任书等规定的领导干部作为第一责任人（总负责）事项，造成公共资金、国有资产、国有资源损失浪费、生态环境破坏、公共利益损害等后果的；
5. 未经民主决策程序或民主决策时在大多数人不同意的情况下，直接决定、批准、组织实施重大经济事项，造成公共资金、国有资产、国有资源损失浪费，生态环境破坏，公共利益损害等后果的；
6. 不履行或者不正确履行职责，对造成的后果起决定性作用的其他行为。

（二）领导干部对履行经济责任过程中的下列行为应当承担领导责任

1. 民主决策时，在多数人同意的情况下，决定、批准、组织实施重大经济事项，由于决策不当或者决策失误造成公共资金、国有资产、国有资源损失浪费，生态环境破坏，公共利益损害等后果的；
2. 违反单位内部管理规定造成公共资金、国有资产、国有资源损失浪费，生态环境破坏，公共利益损害等后果的；

3. 参与相关决策和工作时，没有发表明确的反对意见，相关决策和工作违反有关党内法规、法律法规、政策规定，或者造成公共资金、国有资产、国有资源损失浪费，生态环境破坏，公共利益损害等后果的；

4. 疏于监管，未及时发现和处理所管辖范围内本级或者下一级地区（部门、单位）违反有关党内法规、法律法规、政策规定，或者造成公共资金、国有资产、国有资源损失浪费，生态环境破坏，公共利益损害等后果的；

5. 除直接责任外，不履行或者不正确履行职责，对于造成的后果应当承担责任的其他行为。

第三节　审计案例及分析

一、贯彻执行党和国家经济方针政策和决策部署，推动单位可持续发展方面

关于××环境设备研究中心原主任王×涛同志任期经济责任审计

（一）案例背景

2018年7月，某行业国家主管部门内部审计机构接受组织人事部门的委托，派出审计组对该部委下属事业单位××环境设备研究中心原主任王×涛同志进行任期经济责任审计。该中心为全额拨款事业单位，是国家定点空气净化设备检测机构，主要对行业企业生产的产品进行检验以及从事相关技术开发和产品试制。审计组在审前调查过程中了解到，该研究中心在承担国家重点支持项目《××锅炉检测实验室建设》实施过程中，存在问题，结合对王×涛同志任期经济责任审计，

一并进行调查核实。

2013年，国务院发布《大气污染防治行动计划》（国发〔2013〕37），该计划提出需要综合治理以减少大气污染排放，还特别就产业结构升级、提高技术创新能力、加快能源结构调整、增加清洁能源供应、严格环保准入等提出了具体行动计划。按照计划中第三条有关加快企业技术改造，提高科技创新能力提出的"强化科技研发和推广。加强灰霾、臭氧的形成机理、来源解析、迁移规律和监测预警等研究，为污染治理提供科学支撑。加强大气污染与人群健康关系的研究。支持企业技术中心、国家重点实验室、国家工程实验室建设，推进大型大气光化学模拟仓、大型气溶胶模拟仓等科技基础设施建设"的要求，研究中心发挥自身优势，抓住机遇，积极立项申请承担××锅炉检测实验室（以下简称"检测实验室"）项目，由于启动及时，准备充分，2014年3月主管部门审批立项，依据项目计划，自立项之日起分三期建设，2017年3月实验室正式建成承接检测任务。审计人员在审核过程中了解到，截至2017年底，未见该实验室承接检测工作的记录，针对审计发现的问题，审计人员进行了进一步调查取证。

（二）审计过程

1. 补充资料

审计人员提出，在前期单位按照审计须提交的资料清单内容外，针对检测实验室建设的申请立项资料、前期可行性研究、建设过程管理资料及相关经费拨付、使用审批情况及具体负责部门的工作计划及工作总结等资料，需要一并提交审计组；此外，在审计过程中，如需要补充其他资料，研究中心应予以积极配合。

2. 调查事项

审计人员在审核资料过程中了解到，该单位2014工作要点提出，按照2013年国家出台的《大气污染防治计划》精神，单位应抓住机遇，力争检测实验室申请项目获批立项，为此成立项目组，由王×涛同志担任项目负责人，组织中心专家及技术骨干完成项目立项各项工作，王×涛同志多年从事相关项目研究，拥有多项技术创新成果及专利，在国内行业处于领先水平；此外，项目立项成功对中心的发展意义非常重大。

2014年3月，检测实验室获批立项，王×涛同志在立项文件上批示：由中心技术开发部负责执行管理，中心工程部负责基本建设，实验管理部负责人员培训，各部门务必通力配合，共同完成实验室建设任务，根据中心领导班子分工，王×涛同志主管中心工作，分管技术部、财务部，工程部由中心副主任李×同志分管。该项目经费年度预算列入技术开发部，王×涛同志行使最终签字权，为方便项目进行，王×涛同志授权技术开发部部长李某对该项目5万元以下的费用支出行使签字报销审批权，授权委托书按照中心收支管理要求在财务部门进行了备案。

审计人员查看项目立项申请等文件资料显示，该项目建设分三期完成，共计投资100万元，主管部门投资60万元，单位自筹40万元，专款专用。具体如下：

（1）主管部门一期投资30万元，完成实验室改造和基础设施改建2014年底完成，单位配套资金投入15万元。

（2）二期投资20万元，购置项目所需专用仪器设备，单位配套15万元2015年6月完成；2015年底，完成设备调试验收、人员培训等；2016年6月，完成试运行后经主管部门验收合格后交付使用。

（3）2016年底至2017年2月为第三期，计划投资10万元，单位配套完成10万元运行经费。样本检测终试完成，2017年2月正式承接行业检测任务。

主管部门依照项目进度完成款项拨付，单位配套经费在当年预决算中专门列示，并专项管理。

另外，在审计调查时，资料显示在项目申请立项阶段，王×涛同志多次主持会议并责成相关部门全力推进。2013年11月，该项目在完成项目可行性研究后报请中心批准上报立项，王×涛同志主持党政联席会议研究审批，参会领导干部均表示同意申请立项。

审计发现，在项目立项获批后，在一期建设期间，因项目经费管理与建设管理分别为两个部门，在项目工程预算、工程量变更管理等过程中有意见不一致、相互推诿的现象，在此期间，王×涛同志在了解相关情况后仅做口头督促，未召开相关会议以及明确地指示。2014年底，该项目一期建设未按期完成相应进度。两个部门在各自的年终总结中对该项目进度均未正面表述，针对项目完成进度的描述仅做模糊处理，年度考核中，两个部门的主管领导也未明确批示或召开相关协调会议。

由于项目未按期完成，主管部门下发整改通知，责成中心立即整改，明确表示，如不能按照项目进度最终按期完成，后续专项经费将不予拨付或减少下拨额度。中心接到整改通知后，意识到问题的严重性，王某涛同志主持召开整改会议，开发部和工程部相关人员参加，财务部、实验管理部负责人列席会议，会议决议要求必须按期进行整改，加快工程进度，力争项目按期完成。经努力，项目于2017年6月完成建设，截至2017年底仍在进行数据监测调整，预计2018年可开始投入使用，主管部门因此将三期专项资金10万元停止拨付。经查，财务部在2017年部门预算中也未作自筹配套经费预算，理由为上年度预算执行不到位，该专项经费仅完成50%。

在审计过程中审计人员还发现，2016年在二期建设购买专用设备支付质保金时未按照合同规定执行，以及存在违反财政支付规定等情况。

3. 获取证据

审计人员调阅了研究中心在王×涛同志任职期间的工作总结，主持有关该项目相关会议纪要和记录，查看了财务收支记录和银行流水，函询国库支付中心了解相关款项支付情况。走访技术部和工程部，查看项目立项资料和建设管理，并实地到新建实验室查看，技术人员现场操作演示。调取资料分类整理，依据发现问题落实相应证明材料，按照审计规范完成取证。

审计人员向审计组长汇报后,组长带领两名审计人员分别与王×涛同志和李×同志进行谈话,同时与开发部李某和工程部负责人以及相关人员针对该实验室建设项目也分别进行了谈话和座谈,经多次沟通及有关文件资料的交换,王×涛等同志对该项目建设过程中出现的问题表示认同,表示由于环保锅炉项目在实施过程中对有些困难估计不够,相关协调工作还是有一定的难度,还有很多外协工作更是千头万绪,但经主管部门的督促,中心积极改正,项目已经基本完成,并表示在落实国家政策,推进中心重点工作的事项,后续将继续带领团队努力工作,关注国家需要,尤其是涉及科研攻关项目,必须全力以赴做贡献。

4. 审计结果

在本次王×涛同志的经济责任审计中有关锅炉实验室建设项目的调查核实,截至项目约定的2017年3月正式投入使用承接检测任务,该研究中心作为国家定点空气净化设备检测机构,在承接了专项任务后,未能按期完成,对于国务院的政策文件贯彻存在不到位的现象,虽然在项目建设过程中存在客观困难,但造成项目延期的主要原因还是有主观推动不力的问题,王×涛同志作为该项目的决策和负责人,应承担直接责任。

另外,在项目专用设备购置中,按照合同约定,设备质保金在质保期满才能支付,该中心在2015年底因财政专户资金有结余,提前支付了设备质保金共计35 000.00元。在这个问题上,王×涛同志虽没有直接经手和签字,但本人授权李某审批一定额度经费,王×涛同志应承担领导责任,此外,李×同志在项目推进过程中虽然不是项目负责人,但协调配合不到位,也要承担一定的责任,要在中心有关层级的会议上要作出解释说明。

(三)审计结果运用

内部审计机构要推动经济责任审计结果的充分运用,推进单位健全经济责任审计整改落实、责任追究、情况通报等制度。

通过对××环境设备研究中心负责人王×涛同志的任期经济责任审计，针对审计过程发现的问题，研究中心高度重视，成立审计整改小组承诺限期专项整改，整改小组组长由现任负责人高明担任，对专项资金管理过程中出现的问题，提出要从制度流程上完善和规范，加强流程管理，减少人为因素和过多的审批协调环节，从根本上解决存在的问题。针对财务管理过程中的问题，强调要遵守财经法规，严肃支付制度，加强单位内部控制完善，严控风险点，提高管理及治理能力。

对王×涛同志，依据干部管理的制度进行相应的批评处分，及时纠错，同时为保护干部，认定问题是推进单位发展过程中出现的，在王×涛同志审计评价中作客观说明。此外，王×涛同志不担任领导职务后，专心科研工作，继续负责检测实验室项目，目前实验室各项检测运转正常。王×涛同志表示，下一步将会在软硬件方面进一步提高，把自己的最新成果尽快转化，力争在科研助力实体经济发展方面贡献自己的力量，挽回曾经的失误，为单位、国家努力工作。

目前，该环境设备研究中心已完成《××研究中心专项资金管理办法》等制度，有关财务支付已调整账务处理，追回多付资金。

（四）案例分析及启示

1. 通过该案例的审核，审计人员在审计单位负责人"贯彻执行党和国家经济方针政策和决策部署，推动单位可持续发展"这一方面内容时，重点应关注该单位与党和国家经济方针政策的契合点，比如，该研究中心是国家重点的专业空气净化设备检测研发中心，国家有关环保的政策在贯彻落实时与单位的发展就是密切相关的，单位承担的任务，既是政策性的，也是单位发展壮大的基础，尤其是涉及专项任务的专项建设，更是国家财政拨款是否使用合理到位有效的体现，必须认真对待。

2. 在审计过程中，审计人员必须要对单位的岗位设置、职责分工、发展规划、主要业务做到心中有数，这样在遇到问题时才能对干部职责履行情况有准确判断，才能针对问题查找有效证据资料，提高审计调查效率。

3. 在审计过程中还发现，王某涛同志在××研究中心任职超过十年，任职期间未进行过经济责任审计，本次是离任审计，这也反映出，对于领导干部经济责任审计务必要做到常态化，重点要放在任期内，这样便于发现问题及时整改，查漏补缺，完善制度，规范流程，提高单位管理水平，也可以使干部在良好的内部控制环境下大胆工作、开拓创新。

4. 实事求是，既核实客观存在的问题结果，作出客观的审计结论，也要充分考虑当事人的主观出发点，要准确认定干部在经济责任审计过程中出现的问题是否是在推进单位工作过程中出现的，这样才能对干部作出客观公正的评价，保护想干事能干事的干部，有错必纠，有错能改，有错让改。

二、对某高校二级学院院长任期经济责任审计

××大学关于对××学院院长××任期经济责任审计

（一）案例背景

20××年，学校组织部门下发审计委托书，对××学院原院长××进行任期经济责任审计，审计处根据党委组织部《干部经济责任审计通知单》，组成审计组，于20××年××月××日至20××年××月××日对××学院院长××同志20××年××月××日至20××年××月××日任职期间的经济责任履行情况进行了审计。

1. 政策依据

审计依据《党政主要领导干部和国有企事业单位主要领导人员经济责任审计规定》《教育部经济责任审计规定》《第2205号内部审计具体准则——经济责任审计》《××大学干部经济责任审计办法》及

《××大学财务管理办法》等相关法规制度进行，××学院及××同志对所提供资料的真实性、完整性负责。

2. 审计重点

对财务收支的真实合法、重大事项决策程序及效果、内部控制制度健全有效、资产安全完整、××同志执行国家有关法律法规情况以及廉洁自律等情况进行审计。重点关注以下几个方面：

（1）关注预算执行情况，尤其是使用专项建设经费的重要经济事项的过程管理以及经费使用情况；

（2）关注资产的保值增值情况，核实资产现状和使用利用情况，有无闲置浪费现象，在资产管理过程中是否做到定期盘点清查等；

（3）重要经济事项决策情况，审核决策程序和决策结果，对领导干部的决策权有无监督制约机制，决策机制是否完善，决策是否科学化、民主化，落实决策责任制情况如何；

（4）执行国家有关法律法规情况和廉洁自律情况。

3. 审计的主要内容：

（1）××同志是否依法履行学院管理职能；

（2）单位经费状况如何，各项收入和支出是否纳入预算管理，预算执行率如何；财务收支是否合规、合法，资金使用的效益如何；有无重大违纪违规和损失浪费现象；

（3）各类资产是否安全完整、保值增值、使用效益如何；

（4）各项经费的管理和使用情况，筹集的各种基金、资金、社会捐赠等的管理和使用状况，有无挤占、挪用、损失浪费等问题；

（5）单位有无经济实体，其资产、负债、所有者权益和盈亏状况如何；

（6）内部控制制度是否健全、有效；

（7）各项决策是否按规定的程序进行，效果如何，有无重大失误；

（8）××同志是否遵守国家财经法规和财务制度，有无违纪违规问题；

(9) 其他需要审计的事项。

(二) 审计实施

1. 审前准备

××××年，任期经济责任审计实施方案经分管领导审批后，按计划将审计通知书送达各被审计人员及所属原部门，并取得送达回执。

2. 审计实施

(1) 提交有关资料。被审计人员提交个人述职报告，原所在部门准备相关材料。

(2) 实施审计。对被审计人员任期经济活动情况进行合法合规性审查，做好审计取证单和工作底稿。

(3) 汇报审计情况。实施审计结束，听取被审计对象对审计查出问题的意见，取得完整合法的审计证明材料；并及时将审计情况向分管领导汇报，听取领导意见。

3. 审计终结阶段

(1) 撰写审计报告。由主审人员草拟审计报告初稿，并经审计组讨论修改。

(2) 向被审计对象征求意见。审计组将审计报告征求意见稿送被审计对象征求意见，并对被审计对象的意见进行研究。审计人员整理审计工作底稿及证明材料，进一步核实问题，对需要重新取证的，重新取证并完备手续，一并交审计组组长复核，然后提出修改报告的意见。最后经审计组讨论修改后形成审计报告终稿。

(3) 向分管领导及校领导汇报后出具审计报告，并送达党委组织部。

(三) 审计方法运用

本次审计实施过程中，审计人员综合使用了各种审计方法，获取了相应的审计证据，梳理如下：

（1）在审阅学院提交的审计资料中，通过审阅单位的工作计划和工作总结，结合财务数据的审核，发现学院在专项经费预算执行中存在问题，在电子数据的审核中进一步印证的问题。

（2）使用观察法实地察看专项经费对应的实训基地建设现场，察看建设进度。

（3）抽查××同志在担任学院院长的任期内签订的金额在5万元以上的经济合同。

（4）使用监盘法检查学院的固定资产管理情况，并审计资产电子台账进行账实核对。

（5）制订访谈方案，与学院领导班子成员、教师代表、退休教职工代表分别进行谈话，全面、多层次了解学院在经济事项决策程序以及学院重大事项民主决策程序的规范和有效性。同时，调阅学院的会议记录进行印证。

通过上述的审计方法获取相应的审计证据，组内审核评估后编制相应的审计工作底稿，经三级复核后确认编号。

（四）审计发现问题

1. 专项经费预算执行

20××年"互联网+中国制造2025实训基地"专项经费预算总额800万元，未产生支出，预算执行率为0%。

根据《中华人民共和国预算法实施条例》第三十八条"各级政府、各部门、各单位应当加强对预算支出的管理……按照标准考核、监督，提高资金使用效益"的规定，专项经费应合理编制预算，提高资金使用效益。

2. 固定资产管理

截至目前××学院固定资产共计4 682.63万元。经审计抽查核实发现，部分固定资产现状与固定资产卡片不符，存在使用责任人不清晰、使用状况不确定的现象。

根据《第 2 205 号内部审计具体准则——经济责任审计》第十四条规定，领导干部经济责任实际内容包括"资产的管理及保值增值情况"；根据《事业单位国有资产管理暂行办法》第二十条："事业单位应当对实物资产进行定期清查，做到账账、账卡、账实相符"；《××大学固定资产管理办法》第二条："固定资产管理的主要任务是：建立健全固定资产管理制度和资产管理信息系统，合理配备、依法购置并节约、有效使用固定资产，定期组织对固定资产进行清理核查，保证固定资产的安全和完整，提高固定资产使用效益"的规定，应定期对固定资产进行清理核查，保证固定资产的安全和完整，提高固定资产使用效益。

3. 重要经济事项执行

经查，20××年，学院在"互联网+中国制造 2025 实训基地"有关实验室建设中，××学院与××建筑装饰工程有限公司签订的"××学院互联网+中国制造 2025 实训基地实验室通风改造工程"合同，合同金额为 172 000.00 元。约定质保期为 12 个月，但未预留质保金，目前该工程部分管道已出现跑漏问题，但无法得到及时处理，该工程为 200 000.00 元以内工程，根据学校基建工程管理办法，学院自行组织联系施工，该事项经学院院长办公会讨论决定，会议由院长××同志主持，副院长及办公室主任及实验室主任参加。

根据《××学校维修改造办法》第十二条"……工程应预留 3% 质保金……"，项目在管理中存在问题。

4. 重大经济事项决策

按照《××学院议事规则》，学院 10 万元以上的支出，应由党政联席会议讨论决定。经查，上述工程实施在决策过程中未执行学院的议事规则。

（五）审计结果

针对审计中发现的部分专项经费预算执行率低的问题，根据国家和学校的预算管理办法，指出存在的问题，相应提出专项经费应合理编制预算，提高资金使用效益的建议，针对××同志在单位经费预算执行不到位的情况，应负直接责任。

在资产管理方面，学院作为资产管理使用方，对物资管理有直接责任，××同志作为单位负责人，对单位资产保值增值负直接责任。

针对项目管理过程的失误，按照学校规章制度作出明确说明。反映出单位在科学民主决策方面，有执行不到位的现象，××同志有领导责任。

依据上述审计结果，审计组出具审计报告，沟通确认审计发现问题，征求报告意见，完成对××同志的经济责任审计事项。

（六）审计结果运用

针对审计中发现的专项经费预算执行问题，提出学院在承担专项建设时一定要按照项目管理需要，规范地管理流程，分解责任落实到人，加强考核，保证按期完成。同时，提请学校财务部门加强预算执行绩效考核，对执行率较低的建设项目，要追查原因，后续预算经费分配中综合考量。从审计整改的效果看，学校在本年度预算分配方案中专门针对上年度预算执行低于50%的经费项目，在当年的预算分配中做了相应的调减。

针对建设项目管理，责成学院妥善处理项目后续问题，同时提请学校完善工程项目新建、改扩建以及零星维修等等统筹管理，专业的人做专业的事，由基建会同后勤部门重新制定相应的办法，规范管理。《××学校基本建设新建改扩建及零星维修工程管理办法》已经出台。

针对学院在决策过程出现的不完善现象，已经提请立即整改，严格执行学院议事规则，同时对重要事项做好信息公示，主动接受群众监督，前期出现问题整改情况上报审计处。

针对审计普遍性问题，可由审计部门向单位提出完善制度等具体建议，对于特殊问题针对性提出指导建议，或转请主管部门对已有制度或管理流程进行完善，从而达到解决问题，巩固审计成果的目的。

（七）案例分析

通过上述案例，××同志在履行经济责任过程中出现问题是个别现象，及时纠错，防止再次出现，例如合同签订的质保金问题，在审计过程发现后及时提出，立即整改。对于普遍存在的问题，或者学院层面无法解决的问题，审计部门及时向单位提出完善制度等具体建议，或转请主管部门对已有制度或管理流程进行完善，从而达到解决问题的目的，完成审计目标。

此外，充分认识对领导干部进行经济责任审计的必要性。通过审计，不但对领导干部在经济责任履行过程审核，还要查找出单位在管理过程的疏漏，完善单位的管理和内部控制，提高单位治理能力。

最后，对领导干部进行经济责任审计，可以规范权力运行，强化民主监督，防止干部在经济决策过程中滥用权力，这是对干部的有效保护，也是对经济风险的积极防范。

第十二章 固定资产投资审计

第一节 概述

一、行政事业单位固定资产投资审计相关概念

(一) 行政事业单位固定资产的概念及特点

1. 行政事业单位固定资产的相关概念

行政事业单位固定资产是指单位为满足自身开展业务活动或其他活动需要而控制使用，使用年限超过 1 年（不含 1 年）、单位价值在规定标准以上，并在使用过程中基本保持原有物质形态的资产，一般包括房屋及构筑物、专用设备、通用设备等。单位价值虽未达到规定标准，但是使用年限超过 1 年（不含 1 年）的大批同类物资，如图书、家具、用具、装具等，应当确认为固定资产。

2. 行政事业单位固定资产的主要特点

（1）资产单位价值在规定的标准之上；

（2）具有持久、耐用性，在使用过程中基本保持原有物质形态；

（3）以自用为原则。

3. 行政事业单位固定资产的分类

根据《政府会计准则第 3 号——固定资产》规定，固定资产一般分为六类：房屋和构筑物；专用设备；通用设备；文物和陈列品；图

书、档案；家具、用具、装具及动植物。

（1）房屋和构筑物，即单位拥有占有权和使用权的房屋、附属设施及构筑物。

（2）专用设备，即单位根据业务工作的实际需要购置的各种具有专门性能和专门用途的设备。

（3）通用设备，即单位用于业务工作的通用性设备，如办公用的家具、交通工具等。

（4）文物和陈列品，即博物馆、展览馆、纪念馆等文化事业单位的各种文物和陈列品，如古物、字画、纪念物品等。

（5）图书、档案，即专业图书馆、文化馆贮藏的书籍，以及单位贮藏的统一管理使用的业务用书，如单位图书馆（室）、阅览室的图书、期刊、资料、档案等。

（6）家具、用具、装具及动植物，包括：办公桌椅、食堂炊事机械、实验用动物、警用动物、名贵树木花卉等。其中，属于非流动资产的动植物，包括经济林、薪炭林、产畜和役畜等。

（二）固定资产审计概述

固定资产审计是对固定资产配置、使用到处置的全过程审计，从制度、管理到责任的全面审计。根据《行政事业单位国有资产管理条例》（国务院738号令），以及党中央、国务院"过紧日子"的要求，行政事业单位必须从严配置固定资产、有效盘活并高效使用固定资产。

固定资产审计一般包括以下三个方面：

（1）固定资产管理制度审计，包括责任制度、管理制度以及资产管理内部控制制度；

（2）固定资产日常管理审计，包括财务核算、日常登记、清查盘点、权属管理等；

（3）固定资产使用效能审计，包括资产配置、使用绩效、资产处置、责任追究等。

固定资产审计经常包括在财政财务收支审计、领导干部经济责任审计、内部控制评价等审计项目中,与本章的固定资产投资审计是两个不同的审计范畴。

(三) 行政事业单位固定资产投资审计概述

固定资产投资是指将人力、物力、财力等各种资源,通过建造、安装、购置等方法进行整合,转化为固定资产的过程。在理论界,固定资产投资并不等同于通过建造、安装形成的建设项目。但在实务工作中,一般采用狭义的定义,认为固定资产投资就是建设项目投资。

固定资产投资审计,在实务工作中一般被认为就是建设项目审计,是指独立的审计机构和审计人员,依据党和国家在一定时期发布的方针政策、中央、地方及主管部门的法律法规及相关的制度、技术经济指标等,对本单位或者本系统内固定资产建设项目在建设过程中所发生的所有技术经济活动给予的监督评价。

行政事业单位固定资产投资审计是指对行政事业单位或者行政事业单位系统内固定资产建设项目在建设过程中所发生的所有技术经济活动给予的监督评价。

二、行政事业单位固定资产投资审计的基本内容

固定资产投资审计(建设项目审计)是一项复杂的系统工程,涉及众多的审计主体、审计对象和审计内容,以及不同的审计范围,并需要运用到更为复杂的审计程序和方法。

(一) 审计主体

审计主体包括国家审计机关、社会审计机构以及内部审计机构。国家审计机关依照审计法和相关规定,开展固定资产投资审计;社会审计,主要是工程咨询公司或者造价公司接受国家审计或者内部审计委

托，协同配合，开展固定资产投资审计；内部审计，即内部审计机构，依照相关法律法规，或者单独，或者与社会力量协同分工，开展本单位或者本系统内的固定资产投资审计。

就行政事业单位内部审计而言，固定资产投资审计是指行政事业单位内部审计机构对自身投资建设项目开展的审计，也适用于接受委托的会计师事务所、工程咨询机构等各类中介机构组织或参与的建设项目审计。委托外部机构开展建设项目审计时，内部审计机构仍需要对委托审计项目的质量承担责任。

（二）审计对象

建设项目审计的审计对象不仅包括建设单位，还涉及施工、监理、设计、供货商等单位。

（三）审计内容

审计内容为固定资产建设项目在建设过程中所发生的所有技术经济活动，包括建设项目开工前期审计、在建期审计以及竣工验收审计三个主要阶段。

1. 从理论视角分析。建设项目审计是指对建设项目全过程所有的技术、经济活动进行的监督、评价。审计的主要内容包括：

（1）开工前审计，包括投资决策审计、设计质量审计、招标投标与合同审计、技术准备工作审计与资金筹集审计等；

（2）在建期审计，包括材料与设备购买审计、资金支付与使用审计、工程进度审计、质量审计、设计变更与施工签证审计、建设项目内部控制与管理审计、工程结算审计、生产准备情况审计等；

（3）竣工验收审计，包括竣工验收条件审计、竣工验收程序审计、竣工决算和总结算审计、竣工验收结果审计、投资效益审计等。

2. 从审计内容的专业特点视角分析。包括建设项目财务审计、建设项目造价审计、建设项目管理审计、建设项目投资效益审计以及建设项目质量审计。

从实务指南角度分析。《第 3201 号内部审计实务指南——建设项目审计》（2021 年 8 月 1 日起施行）明确了建设项目内部审计主要包括以下内容：建设项目前期决策审计、建设项目内部控制与风险管理审计、建设项目采购审计、建设项目工程管理审计、建设项目工程造价审计、建设项目财务审计、建设项目绩效审计等。具体到每个项目时，审计内容视开展审计的时间和项目建设进展情况而有所不同。

（四）审计范围

内部审计机构既可以对建设项目开展全面审计，也可以选择项目部分环节、部分时段建设内容开展专项审计。对重大项目，内部审计机构可以采取全过程跟踪审计方式对各项具体建设活动进行审计。

（五）审计要求

1. 依托单位授权开展审计。内部审计机构和人员依据法律法规和单位内部授权开展建设项目审计，审计对象是单位作为投资主体或建设主体所建设的项目。

2. 与内部管理工作相协调。内部审计机构开展审计，要以所在单位的治理结构为依托，以单位的整体利益为服务目标，以单位的相关管理制度为标准，并与单位内部和工程建设业务相关的管理职能相协调。

3. 在充分了解项目建设情况的基础上进行客观评价。内部审计机构要广泛联系单位内外部相关单位和人员，充分掌握市场动态，全面了解建设条件，对建设过程中发生的管理行为的真实、合法和效益情况作出客观评价。

4. 根据建设项目目标开展审计。内部审计机构对建设项目开展审计，要根据项目建设目标，结合项目类型、管理模式，有重点地开展审计。

5. 严格履行审计程序，提高审计工作质量。开展建设项目审计，要履行必要的审计程序，控制审计风险，严格保证审计质量，谨慎出具审计意见。

三、固定资产投资审计模式的变化

固定资产投资审计模式在近几年有了较大的变化，主要表现为以下几点：一是从"点"到"面"的转变，从注重单一工程造价向投资管理全过程审计转变，强化对"工程、财务、管理、绩效"的审计力度，着力推动国家宏观政策落地生根，促进提高投资资金效益；二是从"微观"到"宏观"的转变，加强计划制订的成果导向性，增强投资审计服务的层次、深度，提高投资审计监督服务水平；三是将"现场与分析"相结合，强化对投资审计分析力度，对同类问题进行汇总、整理、分析、深挖，重点从制度、机制、政策层面上查找原因，充分运用审计情况专报等载体，有针对性地提出完善制度、堵塞漏洞、改进政策、创新机制的意见和建议，科学发挥参谋助手作用，为领导决策提供相关参考依据。

第二节　审计要点

建设项目审计是通过对建设项目全过程各项技术经济活动进行监督和评价，行政事业单位应根据工程建设项目不同阶段的特点、难点和监管重点确定审计重点，在确保工程质量、安全、工期的前提下，科学、合理、有效地确定工程造价，控制投资风险，确保工程建设目标的实现。在开展工程建设项目审计时，由内部审计部门及审计人员（或者内部审计机构委托造价咨询公司）组成审计组，根据工程建设的不同阶段，确定各个阶段的审计重点开展审计。根据3201号内部审计实务指南，并结合实务工作中的关键节点，将建设项目各阶段的审计重点内容介绍如下。

一、建设项目前期决策审计

建设项目前期决策审计，是指内部审计机构对建设项目投资方（业主）及建设管理方在项目建设前组织开展研究、论证、决策、准备等工作的合规性、效率性和效果性开展的审计。建设项目的前期决策主要是指项目投资方开展内部研究和论证，然后按照国家、地方政府及有关部门规定的程序，以及投资方内部规定履行审批流程的过程。前期决策包括了项目立项、论证、审批、报建等一系列复杂的工作，涵盖了项目投资决策单位按照规定的建设程序，以及根据所在单位的宏观战略要求，结合拟建设项目的相关情况，通过多方面的技术经济分析、综合分析，选择拟建设项目是否投资以及投资的位置、最优开发方案、开发时机等因素的决定过程。

根据《国务院关于投资体制改革的决定》（国发〔2004〕20号），行政事业单位开展建设工程项目的资金来源主要是财政资金，因此行政事业单位要投资建设工程一般都需要报相关部门进行审批，实行审批制。主要由政府或其发展改革部门审批项目建议书、可行性研究报告、初步设计。对情况特殊、影响重大的项目，还要审批开工报告。

（一）审计要点

1. 决策程序审计。决策程序是否遵守《行政事业性国有资产管理条例》（国务院738号令）行政事业单位固定资产配置必须履行相应的决策程序，资产配置重大事项应当经可行性研究和集体决策等相关规定。

2. 项目建议书审计。编制依据的合规性，目标是否明确充分；标准和投资估算是否合理，资金筹措是否得当；经济、社会效益是否明显等。

3. 可行性研究报告审计。报告的完整性和论证的充分性；建设方案是否经过多方案比较优选；报告的审批情况；投资估算和资金筹措是否合理；投资效益审核。

4. 投资估算审计。对估算的真实性、科学性、准确性进行审查。

5. 报批报建审计。是在建设项目完成内部决策后，对取得政府有关部门和相关机构审批审核、核准批准、评估评审、检验验收等审批情况的确认。

（二）审计目标

实务工作中，内部审计人员通过列席单位建设工程项目的决策过程，提供重点内容和重要节点的咨询和建议职能，实现对单位审批制项目前期决策的内部审计职能。通过建设工程投资立项审计，可以及时发现问题、纠正错误，加强前期工作管理，确保拟建项目在稳妥可靠、合规必要的基础上，防止损失浪费，切实保证项目的投资效益。

二、建设项目内部控制与风险管理审计

建设项目内部控制与风险管理审计，是指内部审计机构对建设项目管理机构内部控制设计和运行的有效性，以及项目在工期、质量、安全、成本、环境等各类风险的管控情况进行的审查和评价。

（一）审计要点

建设项目内部控制审计通常与其他审计内容结合进行，开展建设项目内部控制审计的主要工作包括：

（1）对建设项目内部环境进行审查，包括对建设项目管理机构的组织架构设立是否符合项目管理需要，对职责分工与授权批准体系建立情况进行审查，包括重点分析各关键不兼容职责是否在不同部门、不同

岗位、不同人员分离设置等。

（2）评估进行审查，包括对建设项目前期评审、勘察设计、工程施工、初步验收等过程中的风险识别、风险分析、应对策略等措施是否存在、安排是否完善、是否得到执行等进行审查和评价。

（3）对建设项目控制活动进行审查，包括以建设项目合同执行、投资完成、工程结算、资金拨付为主线，对各个业务循环所制定的管理制度进行梳理，评价各项具体建设活动控制措施的设计和运行的情况，发现并提示可能存在的管理失控风险。

（4）对建设项目信息与沟通进行审查，包括关注设计信息、施工过程信息、物资管理信息、投资信息等，以及信息收集、传递的真实性、完整性和及时性，并对建设项目风险系统产生的信息进行相互印证，对信息系统安全性、有效性进行审查和评价。

（5）对内部监督进行审查，包括将建设项目建立的内部控制制度、风险管理制度与项目物资进场检验、隐蔽工程验收、监理、质检等工作程序相结合，对建设项目内部监督机制的有效性进行审查和评价。

（6）关注建设项目勘察、设计、施工、供货、监理、咨询等各参建单位的建设工作开展情况及其对建设项目内部控制、风险管理的影响。

建设项目风险主要来自四个方面：设计及施工技术、自然环境、政治经济以及社会、合同方面的风险。建设项目风险管理审计通常与其他审计结合进行，审计的要点主要包括：

（1）项目建设管理机构对项目建设过程中出现未曾预料的新情况是否制订了风险预案，是否安排了足够资源来实施风险管理手段和措施。

（2）针对建设项目某些必须限时实现的目标，项目管理机构是否做好了资源调配冗余安排，对不利因素考虑是否充分。

（3）对项目建设出现转折点或提出重大设计变更时，项目风险应对方案是否合理，实施是否及时到位，结果是否在可控范围内。

（4）边科研、边设计、边施工、边修改以及采用新技术的建设项目是否针对不利因素作出了风险控制安排，是否能保证建设目标总体实现。

（5）对某一时段投入资金数额较大的项目，项目资金流安排是否顺畅，有无存在资金缺口导致支付困难的风险。

（6）对政府有关政策发生重要调整的建设项目，要关注项目建设安排是否会受到重大影响，项目进度是否可能严重滞后，是否存在调整设计和施工方案达成建设目标的可能。

（7）可能对社会产生影响的敏感问题，如环保政策、资源配置等，要重点关注项目是否作出充分考虑和安排，是否安排专门预算，是否聘请了专业机构和人员实施管理。

（二）审计目标

建设项目内部控制和风险管理审计是对建设项目管理机构合同控制、资金控制、质量控制、安全控制等各项内部控制体系设计与运行的有效性进行审查和评价，对建设项目在各个阶段面临的主要风险进行识别和控制的有效性进行确认。建设项目风险管理审计的主要目标，是协助组织和建设项目高级管理层评估现有风险管理措施的不足，通过发现并评价重要风险，协助高级管理层在项目建设周期内提升风险管理能力，进而最大限度地识别风险、应对风险，并将管理风险的成本降至最低。

三、设计（勘察）阶段审计

设计（勘察）阶段审计是审计组在建设工程项目设计（勘察）招标到施工图设计过程中，对设计（勘察）招标文件的编制、设计方案招标、初步设计的审查，设计概算编制的审查，施工图设计及预算的审查，以及是否实行限额设计等活动的真实性、合法性进行审核及评价。设计（勘察）阶段是工程建设过程中的一个重要环节，它在很大程度上决定了工程的质量和造价,影响工程的工期,因此,设计(勘察)阶段的跟踪审计非常重要,需要高度重视。

(一) 审计要点

1. 设计(勘察)招投标审计。包括设计(勘察)招标文件审计、投标文件审计以及设计(勘察)评标审计。

2. 初步设计审计。审查设计单位如何确定及资质;初步设计费用的合理性;建设单位在招标(竞选)文件中,是否设置一个合理的投资控制目标;是否有方案选比;审计单位是否重视工程投资控制等;初步设计文件编制的内容和深度是否达到《建筑工程设计文件编制深度的规定》等有关文件的要求。

3. 设计概算审计。审查概算的编制依据;总概算是否超投资估算10%,并查明原因等。

4. 施工图设计审计。审查建设单位如何确定资质;审查设计合同是否符合国家规定;审查各专业施工图、各分部分项工程的详图是否全面、详细、完整;审查施工图设计是否符合相关的强制性标准、规范。

5. 施工图预算审计。包括直接费用审核、间接费用审核;审查是否进行了优化设计和限额设计;审查施工图预算是否全面、合理,有无超过批复概算。

6. 限额设计审计。是否对投资估算中的建筑安装工程费用进行了明确限额;设计单位是否对方案设计、初步设计、施工图设计实施了限额设计,从而保证概算不超过估算、预算不突破概算;设计单位是否对投资限额进行了专业的合理分配;是否对设计变更进行了控制。

(二) 审计目标

设计(勘察)阶段审计目标是确认设计文件的适用性、经济性、美观性,并对财务决算和设计概算进行比较,分析实际投资与概算投资的吻合程度。

四、建设项目采购审计

建设项目采购产品和劳务常用的方式，主要包括公开招标、邀请招标、竞争性谈判、单一来源采购、询价采购等方式。行政事业单位使用财政性资金采购工程、货物及服务时，应当遵循《政府采购法》。其中，政府采购工程以及与工程建设有关的货物、服务，采用招标方式采购的，适用《招标投标法》及其实施条例。国有资金投资建设项目受法律限定，强制采用招标投标方式进行采购。因此，行政事业单位建设项目采购审计的工作重点是对招标投标过程及其成果的审计。

对工程招标投标过程情况的审计，主要是跟踪检查上述各个环节执行国家政策、遵守国家和行业有关法律法规的情况。包括项目招标前期准备情况的审核，对工程量清单和招标控制价进行审核，对项目招标、投标程序的审计。

内审部门组织对工程量清单和招标控制价进行审核，主要包括对图纸深度和图纸设计内容的审核，审核清单列项是否齐全、是否存在重大漏项，核算清单工程量；计费标准、材料价格、暂列金额、暂估价的列项是否合理。公开招标是否具备竞争性，招标项目划分标段是否合理、是否存在排斥潜在投标人的情况；招投标程序是否合法，操作是否规范；招投标单位之间是否存在串通投标；招标小组评标办法是否公平、科学、合理。认真开展回标分析，就中标人的清单漏项及不平衡报价给予重点关注，对清单漏项及不平衡报价问题提出处理意见或建议。

（一）审计要点

1. 资格预审及招标文件审计。包括对供应商资格和能力的预审；以及对招标文件的审计。

2. 工程量清单审计。对编制的工程量清单进行完整性、合法性审计。

3. 招标控制价审计。审查招标控制价编制的内容和深度是否全面、准确和清晰；审查招标控制价中是否明确材料、人工、机械的价格编制依据，是否考虑一定的风险费用；审查控制价中的材料暂估价、专业工程暂估价的设置是否合理等。

4. 投标报价审计。审查是否有不平衡报价；审查投标报价中的工程量是否按工程量清单中的数量计算，综合单价有没有明显偏高或偏低的现象；审查投标报价中的费率是否体现了竞争性；审查暂估材料价组价、暂估价和暂列金是否与投标文件要求一致等。

5. 招投标过程审计。包括招标过程、投标过程、评标过程、中标过程审计。

（二）审计目标

现阶段采取关键控制点跟踪审计的模式对建设项目采购审计是十分必要的。招投标文件是签订采购合同的依据，是工程建设项目开展过程中至关重要的环节，因此，开展招投标审计是建设项目采购审计的重点环节，是影响工程造价、质量、工期等的核心阶段。

五、工程施工合同审计

建设工程项目合同审计是指对工程项目合同管理工作的合法性、规范性和效益性，合同的签订、履行情况、与合同相关的内部控制制度的建立健全及有效性进行的审查、监督和评价。

（一）审计要点

1. 对合同的合法性审核。确保合同的内容、文本格式与现行的有关法律法规、政策和招标文件相符，主要合同条款是否与招标文件、现场澄清文件、中标价格、工期、质保期及其他服务承诺一致。

2. 对合同的合理性审核。包括合同有关条款的描述和意思表达是否清楚、准确，是否会产生歧义，工程价款的金额是否准确，有关工程费用的支付、结算等是否符合现行的基建财务制度、工程计价规则等规定，有关合同审批手续是否完善。

3. 对合同完整性的审核。主要审查合同约束条款是否完善，有无遗漏，有关合同附件、附表是否齐全，对补充事项的约定是否完整、满足要求，对争议事项的处理是否有明确的约定。

4. 对合同专业性的审核。主要审核涉及合同变更的条款是否完整、具体、符合工程计价规范，如合同外增加的材料单价如何确定，材料价格发生变化后如何处理，有关误工索赔、工期索赔是否有明确约定，等等。

（二）审计目标

一般在签订合同阶段容易出现的问题：合同条款表达模糊、不准确，存在人为陷阱；合同内容不完整，合同约束力不够；流程不规范；合同与招标文件不一致，导致法律冲突。工程施工合同是甲乙双方竣工结算最主要的依据，要特别重视合同文本的订立，避免出现甲乙双方本可以事前确定分担比例却需要事后协商的条款，从而避免结算审计工作久拖未决风险及相应的经济纠纷。

六、建设项目工程管理审计

建设项目工程管理审计就是对工程建设质量、安全和进度的审计。首先，要关注工程质量、安全和进度内部管理制度的建立健全情况，其次，要对实体质量、相关管理措施等进行现场抽查；还要统筹平衡各项管理目标之间的关系，根据工程建设需要，了解建设项目管理体系的建立情况。

（一）审计要点

建设项目工期管理，或称进度管理，指的是保证项目准时完工所必需的一系列管理过程和活动。建设项目工期管理审计的内容包括：

（1）审核建设项目进度管理计划编制情况。审查各合同文件、施工方案关于工期和项目进度的规定是否一致；是否建立了进度计划管理的体系和制度，进度计划编制是否以安全生产、厉行节约为前提，满足合同要求。

（2）审核建设项目进度管理计划执行情况。检查建设单位和监理进度检查报告、施工组织设计、各种进度管理计划、已完工程量统计表等资料，审查进度计划的落实情况；审查计划变更的原因是否属实，变更后的进度计划是否合规、完整可行，进度计划变更是否按规定程序通过相关部门审批。

工程质量管理是指建设项目确立和实现工程预定质量标准的全部职能及其工作内容，也包括对工程质量成果进行评价和改进所进行的指挥、协调和控制等活动。工程质量管理审计的内容包括：

（1）审查建设项目参建单位质量管理职责履行情况。审查各参建单位确定的质量管理事项是否落实；监理工作、合同管理以及分包合同管理是否符合国家法律法规和行业规范；检查工程变更的审批程序、索赔申报与审批程序等约定是否明确及得到履行。

（2）审核建设项目质量事故处理过程。审查相关机构是否对质量事故的原因进行调查分析；审查质量事故的技术处理方案是否严格执行相应的工程质量标准，事故处理技术方案是否切实可行、经济合理。

（3）审核建设项目施工过程验收。审查施工单位是否落实施工工序的质量自检工作；抽查检验批质量验收记录，检查检验批验收程序是否符合规定，质量经抽样检验是否合格；抽查各层级质量验收记录等。

项目安全管理的任务是发现、分析和消除生产过程中的各种危险，防止发生事故和职业病，避免各种损失，保障员工的安全健康。项目安全管理审计的主要内容包括：

（1）审核建设项目安全生产责任制执行情况。审查安全管理组织的建立情况、安全管理岗位的设置情况、安全生产制度建立和落实情况，以及是否符合国家法律法规和行业规范；审查项目建设过程中是否发生过安全生产责任事故，对事故的调查、分析和处理是否及时、合规等。

（2）检查建设项目现场安全管理情况。抽查项目负责人、安全管理人员及特种作业人员是否持有相应资格证书，是否进行全员安全教育和培训等；检查安全设备材料的使用是否符合国家法律法规、行业规范以及合同规定；审查是否制订安全事故的技术处理方案等。

（3）审核建设项目安全防护、文明施工措施费用管理使用情况。审查检查安全防护、文明施工措施费用实际提取金额与应提取金额是否一致；审查安全生产费用提取金额、会计处理和会计报表的反映是否正确；审查落实安全生产费用的具体使用范围是否符合规定。

（二）审计目标

在项目建设过程中，相关参建单位应当依据国家和政府颁布的有关法律法规和行业规范，以及工程建设的有关设计合同文件，加强工程建设质量、安全和进度管理。项目进度管理是建设项目能否按期建成并投入使用的关键，也制约着工期、成本两大管理目标的实现，开展建设项目管理审计是工程管理审计的重要内容；工程质量管理审计的目的是预防、减少或消除质量缺陷，建设质量合格的工程项目，保证投资效益的实现；工程项目安全管理审计是推动项目建设的顺利进行，促进提高建设项目的经济效益和社会效益。

七、工程造价审计

工程造价审计是指内部审计机构和内部审计人员依据相关法规和合

同协议，对建设项目成本的组成及其真实性、合理性进行审查，对项目成本控制作出评价，以及对改进和完善工程成本管理工作提出意见和建议。

建设项目造价管理就是对工程成本的管理。建设项目的成本呈单向累加趋势，随建设工程的逐步进展而增加。在建设项目前期阶段，一般根据工程规模、地点等主要条件编制工程估算；在初步设计编制完成后，应根据初步设计工程量编制工程概算；在施工图设计和工程施工阶段，应当依据工程施工图纸详细计算工程量，编制工程预算；在工程完成阶段，应对相关合同进行结算后，最终汇总编制工程结算；在工程竣工阶段，投资方应当按规定汇总建设安装工程投资、设备投资、待摊投资、其他投资等费用，编制工程决算。

工程造价不是一成不变的，根据工程进展中各种内外部因素变化的需要，工程造价会因为实际工程量、工程设计变更、工程索赔等原因出现较大变化。因此，工程变更管理、索赔管理也是工程造价管理的重要组成部分。

本节重点介绍工程竣工结算审计以及工程财务决算审计。

工程竣工结算审计，是指施工企业按照合同规定的内容全部完成所承包的工程，经验收质量合格，向发包单位提出的最终工程价款结算。结合当前我国建筑工程竣工结算审计的实际情况来看，具体审计内容可以分为四个部分，即工程量、工程单价、取费标准和工程签证。

竣工财务决算审计是以竣工结算审计、会计核算、财务管理以及资产交付为基础开展的审计。建设工程竣工财务决算包括从筹划到竣工投产（使用）全过程的费用，包括建筑工程费用、安装工程费用、设备器具购置费用及工程建设其他费用。国务院738号令《行政事业性国有资产管理条例》第四章"基础管理"第三十一条规定：各部门及所属单位采用建设方式配置资产的，应当在建设项目竣工验收合格后及时办理资产交付手续，并在规定期限内办理竣工财务决算，期限最长不超过1年。

（一）审计要点

竣工结算审计要点主要有：

（1）竣工结算的内容是否真实、完整、合法，是否与合同清单一致；

（2）竣工结算的数量是否真实、准确，有关材料价格、取费标准、执行的计价文件、选用的定额版本是否合理、合规；

（3）变更签证内容是否真实，有关项目增减、工程量计算、单价、取费标准是否准确，是否存在重复计费情况；

（4）施工单位是否在规定（或合同约定）的时间内提供完整的工程竣工结算资料，发生迟报、漏报、补报事项的，有关审批手续是否完善。

竣工财务决算审计要点主要有：

（1）竣工决算编制依据审计。编制依据是否符合国家有关规定，资料是否齐全，手续是否完备，对遗留问题处理是否合规。

（2）项目建设及概算执行情况审计及转出投资、应核销投资、应核销其他支出审计。审核有无概算外项目和提高建设标准、扩大建设规模的问题，有无重大质量事故和经济损失，有无虚列投资的问题。

（3）尾工工程审计。根据修正总概算和工程形象进度，核实尾工工程的未完工程量，留足投资量。

（4）竣工决算报表审计。审查报表的真实性、完整性、合规性。

（5）交付使用资产。主要是验证交付使用资产实际成本的真实性。

（6）投资效益评价。从物资使用、工期、工程质量、新增生产能力、预测投资回收期等方面全面评价投资效益。

（二）审计目标

1. 竣工结算审计目标

结算审计除了审核建设项目投资的真实性、合法性、准确性外，还应服务于程序审计、绩效审计和反腐倡廉。一是通过对变更、签证事项的综合分析，寻找内控制度设置及执行的漏洞，揭露利益输送等违纪违法问题；二是通过对结算与概预算的对比，分析项目建设有无违规扩大建设规模范围或"搭车"建设规避招标；三是通过对比立项决策与交付使用情况，评估项目的经济效益、社会效益是否达到预期。

2. 工程财务决算审计目标

工程建设项目财务决算，是反映竣工项目建设成果的文件，是组成新增固定资产价值的依据，是作为交付使用验收报告的重要组成部分。通过竣工决算审计，一方面能够正确反映建设工程的实际造价和投资结果，另一方面可以考核投资控制的工作成效，总结经验教训，积累技术经济方面的基础资料，提高未来建设工程的投资效益。

八、建设项目财务审计

建设项目财务审计需要针对建设项目财务管理和会计核算工作各项目标，依据国家、组织各项财务会计管理制度要求，对建设项目资金管理、会计核算等工作及其结果进行审计，就财务报告的真实性和相关工作的合规性、效益性提出审计意见。

（一）审计要点

建设项目资金管理审计要点主要有：

（1）建设项目建设资金来源情况。与项目可行性研究报告、初步设计概算等批复文件中规定的资金来源对比，审查项目是否按批复文件要求进行资金筹集。

（2）建设项目各类建设资金到位情况。审查建设项目各类建设资金到位情况，重点关注项目资本金到位情况，有无挤占挪用其他项目资金；获取或编制上级拨入资金明细表，与有关明细账、总账和报表相核对，审查上级资金拨入情况；审查其他资金到位情况。

建设项目会计核算审计要点主要有：

（1）建设项目建筑安装工程支出情况。审查建筑安装工程结算的真实性，建设单位支付工程款是否合理，资金支付是否按规定进行了审批等。

（2）建设项目设备投资支出情况。审查设备投资支出的真实性，是否全部用于本项目范围之内；资金支付是否按规定实行，是否全部用于本项目范围之内；资金支付是否按规定进行了审批等。

（3）建设项目待摊投资支出情况。审查各项待摊投资支出的真实性，是否全部用于本项目范围之内；资金支付是否按规定进行了审批等。

（4）建设项目竣工财务决算报表。审查竣工决算报表是否按规定的期限编制，竣工决算各种报表是否填列齐全，有无漏报、缺报；已报的决算各表中项目的填列是否正确完整，报表数是否与批准数相一致等。

（二）审计目标

核实建设资金筹集的及时性和完整性；确认资金管理和使用的合法合规性；确认建设项目财务报告是否真实、完整地反映了项目建设成本状况和资金使用情况。

九、建设项目绩效审计

建设项目绩效审计是指内部审计机构和内部审计人员依据相关标准，综合运用各种技术和方法，对建设项目的经济性、效率性和效果性进行检查和评价的活动。建设项目绩效审计中所采用的工作方法、技术与建设项目主管部门和管理单位组织开展的建设项目绩效评价、建设项目后评价工作内容大体相似，但建设项目绩效审计人员的独立立场和职业道德素养提升了评价结果的客观性。

建设项目绩效审计可以单独开展，也可以与对建设项目各阶段工作的合规审计、财务审计、造价审计等结合进行。对建设项目全面开展绩效审计的内容应当包括项目目标达成情况评价、项目绩效评价、项目影响评价、项目可持续性评价、项目管理评价等几个方面。实践中，上述内容可根据项目特点和管理层需要有所取舍。

（一）审计要点

1. 项目建设经济性审查和评价，包括项目立项、招标、设计、施工等各环节的质量、投入和项目造价控制；后评价中还需要考虑项目运营成本是否节约。

2. 项目建设行为效率性审查和评价，包括项目立项、招投标、设计、施工等各环节的管理政策、原则、制度、措施、组织结构、资金利用及其执行情况；后评价中还需要考虑建成的项目是否有利于提高运营效率。

3. 项目建设效果审查和评价，包括项目的预期目标、经济效益、社会效益以及环境保护设施与工程建设的同步性、有效性。

（二）审计目标

在充分考虑工程质量的前提下尽量减少投资成本；审核项目建设与其所用的资源之间的关系，即一定的投入所能得到的最大产出，或一定的产出所需的最少投入；审核项目的预期结果和实际结果之间的关系，即项目在多大程度上达到政策目标、经营目标以及其他预期效果。

第三节　审计案例及分析

案例一：建设项目合同审计

某研究所要建一栋实验大楼，经过审批后，通过招投标选中了一家建筑公司作施工承包方。在签订合同前，根据研究所的工程建设相关流程，研究所的基建部门将招投标文件及合同草稿送至审计处审核，内部审计人员通过审核招投标文件及其他相关资料后，发现以下三个方面的问题，并提出建议。

一、施工合同草稿未约定工程变更的结算方式

（一）问题描述

该大楼基础桩基部分设计为人工挖孔桩灌注混凝土（护井壁），甲乙双方在合同中约定人工挖孔桩单价按混凝土量计算，包干单价938元/立方米。内部审计人员在审核合同时，调阅了地质勘查报告，发现该工程场地，地质状况较好，大部分桩能够较早进入岩石层，施工过程中有可能不需要采用护井壁的做法。如果做法改变，工程发生变更，能够节约工程造价20余万元，但施工合同中没有约定工程变更项目的结算方式，可能会导致在结算时难以扣除该笔款项，从而给建设方造成损失。

（二）问题分析

该问题形成的原因是合同草稿未按《建设工程施工合同示范文本》的要求进行约定，合同约定不完整，合同签订时未考虑工程变更以及变更对工程造价可能产生的影响。

（三）问题处理

内部审计人员根据以上情况，按照《建设工程工程量清单计价规范》中工程价款调整的内容，建议在合同中明确设计变更的结算方式及有关内容，增加工程价款调整条款，对施工中出现施工图纸（含设计变更）与工程量清单项目特征描述不符的，甲乙双方应按照新的项目特征确定相应工程量清单的综合单价。

(四) 问题启示

1. 施工合同要严格按照"建设工程施工合同（示范文本）"进行签订。

2. 签订合同时，要充分考虑可能产生的变更，并约定好工程变更结算方式，以减少工程结算审计时产生的分歧。

3. 工程变更单价的确定应根据《建设工程工程量清单计价规范》和工程所在地造价管理部门的相关规定执行。

二、合同草稿约定的工程款支付方式不当

（一）问题描述

内部审计人员在对合同审核时发现，合同约定价款和支付条款存在问题：对工程款的支付在专用条款内约定"合同签订后的7日内发包人向承包人预付工程款的30%，开工后按工程形象进度逐月支付"，该条款与招标文件矛盾，而且没有约定开工后按约定的时间和比例逐次扣回。

（二）问题分析

本工程的招标文件已明确规定"工程款的预付于开工日前7天支付10%，开工后按工程形象进度逐月支付"。而合同约定为"合同签订后的7日内发包人向承包人预付工程款的30%"，与招标文件不符，应该约定预付款于开工后按约定的时间和比例逐次扣回。

（三）问题处理

将合同草稿中工程款的支付条款修改为："开工日前7天支付合同价款的10%作为工程款预付款，开工后按工程形象进度逐月支付进度款的80%。当进度款累计支付至合同金额的10%时，按每月支付进度

款的最大额度扣回预付款,当累计付至合同价款的80%时停止支付工程进度款。"建设单位和施工单位采纳了内部审计人员的意见,并按要求修改了合同的工程款支付条款。

(四) 问题启示

签订施工合同条款时,应对工程预付款及工程进度款支付时点、支付比例、抵扣方式、停止支付条件等进行详细的约定,并应满足《建设工程价款结算暂行办法》及《建筑工程施工发包与承包计价管理办法》等相关规定。

三、分包合同约定的工程验收不符合规定

本项目考虑到消防安装工程的专业性较强,经建设单位同意,在实际施工过程中,总包单位将消防安装工程分包给一家专业公司施工,并草签了分包合同。

(一) 问题描述

总包单位将分包单位资质及草签的分包合同提供给了建设单位审计部门审核。审计部门发现,分包合同的完工验收条款存在缺陷,分包合同中对完工验收条件的约定为"乙方完成施工图内容经甲方专业人员验收合格后支付剩余工程款(除5%的质量保证金)"。

(二) 问题分析

《建设工程质量管理条例》第十六条规定:建设单位收到竣工验收报告后,应当组织设计、施工、工程监理等有关单位进行竣工验收。建设工程竣工验收应当具备下列条件:

(1) 完成建设工程设计和合同约定的各项内容;
(2) 有完整的技术档案和施工管理资料;

（3）有工程使用的主要建筑材料、建筑构配件和设备的进场试验报告；

（4）有勘察、设计、施工、工程监理等单位分别签署的质量合格文件；

（5）有施工单位签署的质量保修书。

建设工程经验收合格的，方可交付使用。

同时，建设项目还要接受当地建设行政主管部门的质量监督。《建设工程量管理条例》第四十九条规定：建设行政主管部门或者其他有关部门发现建设单位在竣工验收过程中有违反国家有关建设工程质量管理规定的，责令停止使用，重新组织竣工验收。

根据以上规定可知，竣工验收需要多个相关单位的责任人签字认可，并接受行政主管部门的质量监督，工程是否达到设计要求并可投入使用，应以竣工验收意见为准。

而分包合同条款规定，分包单位的验收只要总包单位的专业人员验收合格即可，但这样的完工验收条件不符合国家现行的验收标准，验收人员的资质及程序也不符合行业的规定，不利于总包单位对分包单位的工程质量控制。

（三）问题处理

总包单位和分包单位根据建设单位审计部门的意见，经协商修改了该分包合同。在合同中明确规定按《建设工程质量管理条例》的要求组织验收，分包单位应在竣工验收前向总包单位提供分包工程的竣工图、原材料试验报告、技术资料等。

（四）问题启示

1. 指定分包合同具有特殊性，虽然具体施工由总包单位来承担，但建设单位仍不能放松监管。

2. 分包合同应明确施工范围，施工工期要求以及相应的责任分担条款，以免造成施工管理时的责任不清的现象。

3. 对分包合同的质量条款进行明确规定，保证与总包合同的要求相一致。

案例二：建设项目竣工结算审计

一、项目的背景资料

某大学新建教学楼一栋，工程为6层框架结构，高度24.5米，建筑面积5 458平方米。资金来源为财政资金和自筹资金，现工程已完工并验收合格。某大学内部审计部门成立审计组，并聘请造价公司对该工程进行结算审计。

本次审核的范围为某大学教学楼工程清单及施工图包含的全部内容。该工程由某建设集团有限公司承建，承包方式为包工包料。由某工程监理公司负责监理。本工程为固定综合单价合同，合同总价为1 656万元。施工合同承包范围为：招标清单及施工图范围内全部内容。

二、审核程序

1. 施工方按照某大学内部审计部门的要求，对照结算审计的资料清单，按要求报送了该项目的结算资料，送审金额为1 862万元。

2. 审核人员核对所提供的资料、熟悉合同、施工图纸和竣工结算等资料；听取建设方代表介绍项目建设及施工情况。

3. 在审核过程中，审计组实施了包括现场勘察、重新计算工程量、核查定额子目套用是否准确、取费是否正确和是否执行了国家的有关政策、法规并与施工单位核对等认为必要的审核程序。

4. 审核人员按照确定的审查方法进行计算和对比，编制"工程结算审核书"初稿。

5. 项目负责人与建设单位、结算编制单位交换意见，有关专业人员对预结算进行审核,并对出现争议的部分进行核对。

6. 共同核对后统一意见,三方确认"建设工程结算审核定案表",并在审核定案表上签字认可。

7. 造价公司出具该工程审核报告,编制工程结算审核成果文件。

三、审核依据

1. 建设工程造价咨询合同的内容和要求;
2. 《中华人民共和国合同法》;
3. 《中华人民共和国建筑法》;
4. 《中华人民共和国招标投标法》;
5. 《建筑工程施工发包与承包计价管理办法》(住房和城乡建设部第16号令);
6. 《建设工程价款结算暂行办法》[财建(2004)369号];
7. 《工程造价咨询业务操作指导规程》[中价协(2002)第016号];
8. 施工合同、施工图、竣工图及有关标准图、变更通知单、有关签证等;
9. 工程结算书;
10. 计价依据:2009年《××省建设工程工程量清单计价规则》、2004年《××省建筑装饰工程消耗量定额》、2004年《××省安装工程消耗量定额》《××省建设工程消耗量定额(2004)补充定额》、2009年《××省建筑装饰工程价目表》、2009年《××省安装工程价目表》及配套的参考费率;
11. 主要材料的定价原则:合同价及建设单位认价。

四、审核结果

上述工程结算审核工作,经与施工单位反复核实,完成了审核任务。施工单位编制的工程结算即送审金额为1 862万元，审定工程结算金额为1 620万元，核增金额为0.00万元，核减金额为242万元。建设单位、施工单位对上述审核结果与某造价公司已达成共识，并在审核定案表上签字认可。

五、主要核减内容

1. 工程量与竣工图纸不符，审核依据以竣工图纸为准来计算，存在工程量差异；
2. 人工及材料价差调整；
3. 挖土方等未执行投标综合单价差异；
4. 变更工程中个别清单综合单价原投标预算中有，未执行原投标综合单价，现按投标综合单价计算；
5. 分包配合费、劳保统筹费差异调增；
6. 税金按照相关文件进行调整。

六、核减内容调整情况分析

核减内容包括以上六个方面，现以人工及材料价差调整为例进行分析。

（一）相关合同结算条款的摘取

1. 本工程合同为综合单价合同，结算时工程量按设计图及有效签证计算，单价按承包人中标的清单单价。
2. 合同条款对人工及材料价差的约定：
（1）单项主要材料价格变动在±6%以内的不予调整，涨跌幅度在6%以上的只对超过部分材料单价进行调差，6%以内的物价波动风险由施工单位承担；

(2) 人工工资调整按照《关于加强建设工程施工合同中人工、材料等市场价格风险防范与控制的指导意见》（×× 省〔2008〕4 号）执行。

（二）问题描述

该工程施工单位按照合同中标价 1 656 万元，加上设计变更签证以及材料费和人工费调差 206 万元，提出的结算总金额为 1 862 万元。审计组审核后，发现其中调增的 138 万元价差存在问题。

（三）问题分析

施工期间，由于受国内外多种因素影响，当地人工工资以及建材价格波动较大，超过合同约定的风险幅度，造成工程直接成本提高。因此，施工单位在送审调差文件中对涨幅超过 6% 的材料均予以全额调差，对整个施工期的人工数量（包括未上涨期间的人工数量）进行了全额调差。该工程在投标书及施工合同中已明确约定工程结算时主要材料价格变动在 ±6% 以内的不予调整，结算时只对涨降幅度超过 6% 以外的超出部分的材料价格进行调整；人工工资调整按照《关于加强建设工程施工合同中人工、材料等市场价格风险防范与控制的指导意见》执行。

（四）问题处理

审计组经认真核算，对结算修正如下：
(1) 材料调差仅对涨幅 6% 以外的超出部分予以调差；
(2) 人工工资调整按合同约定的相关文件执行，并应只调整上涨期间人工工日数。
故扣除施工单位由此多调整的 138 万元费用。

（五）问题启示

1. 在合同中必须明确投标人承担的风险种类、幅度以及价格调整的因素以及方法。

2. 结算审计时需要仔细解读合同约定的有关结算条款，依照合同约定进行结算审计，对行业管理部门颁发的相关文件应全面正确理解。

第十三章　合同审计

第一节　概述

一、行政事业单位合同审计的概念

（一）合同的概念

合同是平等主体的自然人、法人、其他组织之间设立、变更、终止民事权利义务关系的协议。本书中所讲的合同主要是指经济合同，是行政事业单位开展主营业务及其他活动时，与自然人、法人及其他组织等平等主体之间设立、变更、终止民事权利义务关系的协议。当事人协商同意的有关修改合同的文书、电报和图表，也是合同的组成部分。

（二）行政事业单位合同审计的概念

1. 行政事业单位合同审计（以下简称"合同审计"）是指行政事业单位内部审计机构和人员依据国家有关法律法规和行政事业单位内部管理的规定，运用规范的审计程序和方法，对合同的合法性、有效性和效益性进行审查和评价的活动。

2. 行政事业单位的经济合同一般为采用书面形式，即通过合同文书、信件和数据电文（包括传真、电子数据交换和电子邮件）等，以有形地表现所约定内容的形式而订立的合同。

二、合同审计的范围

(一) 合同的种类

行政事业单位的经济合同类型主要涉及买卖合同,供用电、水、气、热力合同,赠与合同,借款合同,租赁合同,建设工程合同,修缮工程合同,物业管理合同,技术合同和委托合同等。其中,根据规定,以下情形的合同必须签订书面合同:借款合同、租期6个月以上的租赁合同、建设工程合同、委托监理合同、技术开发合同、技术转让合同、担保合同、政府采购合同、专有著作权许可使用合同等。

(二) 合同审计的范围

行政事业单位的合同管理涉及部门多、程序性强。合同审签与履行具有分离性。以采购合同为例,物资设备采购一般由需求单位(部门)申请立项,领导审批,主办部门制订采购计划,满足条件的还须组织招投标来确定中标人,经过合同谈判,法律部门审查,最后由法定代表人或其委托代理人签署。而合同的具体履行则是由需求单位及各主办部门来完成。

所以,行政事业单位的合同审计也由最初对合同条款的审计,逐步发展到对涵盖合同管理全过程的审计,包括对合同的签订、履行、变更、终止以及合同日常管理进行的审查与评价。

三、合同审计要素

按照行政事业单位合同的内容来看,合同审计的要素包括:
(1) 当事人的名称或者姓名和住所;
(2) 标的;
(3) 数量;
(4) 质量;

（5）价款或者酬金；

（6）履行期限、地点和方式；

（7）违约责任；

（8）争议解决方式；

（9）根据法律规定或者按照合同的性质必须具备的条款，以及当事人一方要求必需的条款；

（10）其他说明，如关于履行地的确定、第三人代替履行合同义务的约定等。

四、合同审计的内容

（一）合同签订前的内部审计

合同签订前的审计是指内部审计人员对列为审计范围内的合同，在合同双方当事人已就相关事项协商达成一致，合同条款也已基本确定，但双方尚未签字之前的准备阶段的合同进行的审计。合同签订前的审计是合同审计的重点和关键。合同签订前的内部审计主要包括以下内容。

1. 审查签订合同的必要性

主要审查合同内容是否符合该行政事业单位的单位目标，是否符合单位业务活动的需要，该单位现有的资源是否可以满足项目需要；合同项目是否已被列入行政事业单位的经营（运营）计划、投资计划或者其他计划，且符合该计划的要求；该单位是否已安排了相应的财务预算，履行合同的资金来源是否落实。

2. 审查签订合同的合法性

主要审查合同是否符合国家法律法规和行政事业单位规范性文件的规定，是否存在违反国家利益或者社会公共利益的问题；合同是否符合本单位的规章制度要求，履行该合同是否给单位带来预期利益；对方的主体资格是否合法，签订合同的当事人是否有签订该合同的权利；对方是否有履行该合同的能力和诚意，选择对方签订合同的理由是否充分。

3. 审查合同条款的完整性

主要审查合同条款是否符合《中华人民共和国合同法》的规定（具体应包括当事人的名称或姓名和住所、标的名称、标的数量和质量、价款或者报酬、履行期限、履行地点和方式、违约责任、解决争议的方法等条款是否完整）。

4. 审查合同条款的正确性

主要审查当事人的名称或姓名、住所条款是否按照规定填写，并收集相应证明资料的复印件；是否清楚写明标的名称，标的是否具体化和特定化；合同中标的数量、计量单位表述是否准确；质量条款表述是否正确，"三包"条款是否完备等。

5. 审查合同条款的合理性

主要审查价款和酬金是否明确合理，价款支付条款是否规范，质量保证金等细节是否有遗漏；合同履行的期限、地点和方式是否明确合理，保修期是否符合国家或行业规定。违反合同的责任区分、违约条款以及赔偿金额是否明确；解决争议的方法是否对己方有利，选择是仲裁还是诉讼方式；合同内容是否可行，是否经过相关部门的论证。

（二）合同执行过程中的内部审计

合同执行过程中的内部审计主要是检查合同的执行情况，避免发生不必要的纠纷、造成不必要的损失。

主要审查的内容包括：执行合同的主体是否为合同的当事人，有无由他人代为履行；审查双方是否按照合同，行使自己的权利和义务。分别抽审各类合同中，具有典型意义的某项合同，实地到合同的具体执行部门，检查合同的履行情况。对未履行或者未完全履行的合同，查明其原因，必要时，明确通知对方。审查被审计单位各业务部门，在实际合同执行过程中反映出的问题，有关职能部门是否及时查明原因并予以纠正。合同当事人履行合同的地点是否与合同约定相同，以分次、分期、分步履行方式签订的合同，其履行方式是否约定一致。审查合同价款或报酬的收取或支付情况，是否经常会同有关部门，定期进行对账清欠工作。履行该合同是否达到了预定效益；审查合同违约责任是否按照法律规定或者合同约定进行及时、合理、合法的处理，以及审查合同纠纷的处理是否及时、合法、合理。

1. 合同变更的内部审计

合同变更的内部审计是指对当事人修改或者补充的合同内容进行的审计。

主要审查的内容包括：合同的变更理由是否充分，有无欺诈、胁迫、重大误解、显失公平而导致合同权利义务对一方当事人不合理、不公正的变更。合同的变更是否合法，合同当事人是否履行法定程序。合同的变更是否损害公共利益，变更条款是否完整、合理、正确。

2. 合同终止的内部审计

合同终止的审计主要包括：合同终止是否符合《中华人民共和国合同法》规定的情形；合同的权利义务被终止后，当事人是否遵循诚实信用的原则，根据交易习惯，履行通知、协议、保密等义务；对已解除的合同，当事人是否依照法律法规的规定，办理批准、登记手续；解除已履行的合同后，已履行方是否根据履行情况和合同性质，要求对方恢复原状、采取其他补救措施和赔偿损失。

内部审计人员还应该注意合同终止前的审计。它是指在合同已经履行，即将清算、解除双方的合同责任之前，或者合同事项已经完成，就相关票据入账之前所进行的审计。非常重要的合同应当进行清算审计，如投资合同的清算审计、建筑安装工程合同的竣工结算审计等，并且需要按照专门的方法进行处理。

3. 合同日常管理审计

主要审查被审计单位是否明确各级合同管理机构的职责权限，是否设有专人负责合同的履行和审批；合同管理制度是否完善，有无重大合同变更的风险防范措施；各业务部门合同管理人员对本单位对外签订合同的审核情况；是否向合同管理部门报送合同报表，并按照要求对合同进行编号、登记、保管和存档。

五、合同审计的方法

1. 询问法

询问法包括问卷调查法、面谈法、专题讨论法等。在行政事业单位实际工作中，采取问卷调查法居多。询问法可以从合同管理机构的设置和人员配备情况、岗位职责制定及履行情况、合同管理流程情况、合同管理基础工作（如相关合同管理制度、合同管理台账、合同档案管理是否建立健全）等方面，进行询问或设计调查问卷。

2. 流程图法

流程图法主要是将招投标、委托授权、合同签订、合同履行、终结及售后服务全过程，以流程图的形式绘制出来，从而识别合同风险的方法。这种方法比较简洁和直观，便于协助行政事业单位的内部审计人员，发现该单位关键控制点的风险因素。

3. 测试表法

测试表法主要是将合同各关键控制环节，以测试表的形式进行测试，以查找合同管理的风险点和控制缺陷，分析其潜在的影响和重要程度，提出规避和防范风险措施的方法。

测试表主要包括：

（1）市场准入控制测试表。主要测试当事人的资质、市场准入情况以及合同转包、分包情况。

（2）招投标和授权批准控制测试表。主要测试经济业务是否按规定进行投标，投标过程是否规范，招投标收入是否被统一纳入财务管理，合同签订程序是否到位，甲方代理人是否持有委托授权书等。

（3）合同条款内容及履行情况测试表。主要测试合同标的、数量、质量、价格、履行期限、地点、方式、违约金和赔偿金是否明确具体，履行情况如何，付款凭证的数据是否与物资验收单、发票、合同履行结算单相一致等。

4. 现场观察法

深入合同相关方的现场，了解合同双方的资质资信情况，观察工艺流程，获得第一手资料。现场观察法客观性较强，是保证审计质量的有效途径。

5. 历史分析法

审查与合同相关的财务、统计和单位管理的历史资料，如通过检查车辆索赔记录及其他风险信息，确定已投保车辆发生的修理费是否被记入有关合同项目中。

6. 环境分析法

主要是对相关社会环境的变化趋势、可能变更的法律法规等进行深入分析，查找风险因素和潜在影响。

六、实施意义

合同在行政事业单位日常活动中的运用趋于广泛，几乎涉及其各个层面。因此，开展合同审计的工作，具有很重要的意义：

（1）有助于完善合同条款；

（2）有助于加强行政事业单位内部控制机制，强化相关部门责任；

（3）有助于确保合同合法合规，防范合同风险，避免或减少经济纠纷；

（4）有助于依法维护合同当事人的合法权益。

第二节 审计风险点

一、业务组织管理体系可能存在的风险点

（一）组织机构方面

该行政事业单位未形成统一管理、权责明晰的合同管理组织体系，

未合理设置牵头责任单位、归口管理部门和岗位，职责分工不明，不相容岗位未实现相互分离，或职能部门各自为政，多头管理。

（二）分类管理方面

未对合同进行分类管理，合同分级分类划分不清，归口管理权限不明，合同管理混乱。

（三）管理机制方面

合同管理制度不健全，合同的授权审批和签署权限不明确，出现未经授权或越权审批，尤其是对重大、重要合同的审批和签署，可能会出现风险，存在隐患。

二、合同前期准备主要风险点

（一）合同策划主要风险点

1. 合同目标或"标的"不清，合同策划的目标与行政事业单位的战略发展或者业务目标不一致。

2. 合同在内容、单位、技术、时间上没有协调好，不具有可行性。

3. 规避合同控制的相关规定，将重大合同拆分成金额较小的若干合同，规避招标管理或领导审批程序，导致经济活动违法、违规。

4. 未明确合同订立的范围和条件，对应当订立合同的经济业务未订立合同，或者违规签订担保、投资和借贷合同，导致该单位经济利益遭受损失。

5. 未考虑投资计划、成本预算，导致合同订立超出投资计划和预算。

6. 政策理解错误，合同内容可能出现不符合国家产业政策和法律法规要求的事项。

7. 违规签订担保、投资和借贷合同，导致行政事业单位经济利益遭受损失。

（二）合同调查主要风险点

1. 对被调查对象的主体资格及相关证明的审查不严格，导致对方当事人不具备相应民事权利能力和民事行为能力或不具备特定资质，或与无权代理人、无处分权代理人签订经济合同，使经济合同无效或引发潜在风险。

2. 对被调查对象的履约能力和商业信誉给出过高或过低的不恰当评价，将不具备履约能力的对象确定为签约对象，而将具有履约能力的对象排除在准经济合同对象之外。

3. 对合同"标的"把握不准，出现偏差。

（三）合同谈判主要风险点

1. 合同谈判前准备不充分，未了解与合同内容相关的法律法规，导致合同谈判内容可能不符合国家产业政策和法律法规要求；对谈判对手情况未进行充分调查和了解，导致行政事业单位在谈判中处于不利地位，利益受损。

2. 合同谈判人员胜任能力不足，忽略了合同内容的核心条款，对技术性强或法律关系复杂的经济事项，不能正确应对，同时未组织熟悉技术、法律和财务知识的人员参与谈判工作，导致行政事业单位在谈判中处于不利地位，利益受损。

3. 合同谈判不独立，对合同关键条款、格式等审核不严格，作出不当让步，或泄露谈判策略，导致行政事业单位在谈判中处于不利地位，利益受损。

三、合同订立主要风险点

（一）合同文本拟订的主要风险点

1. 合同内容违反国家法律法规或国家行业、产业政策等，与行政事业单位的总体战略目标或特定业务经营目标发生冲突。

2. 合同内容和条款拟订缺乏合理性、严密性、完整性、明确性，或文字表述不严谨等，导致合同未准确表达谈判结果，造成重大误解。

3. 合同内容存在重大疏漏和欺诈，导致合同存在风险隐患。

4. 有意拆分合同、采用化整为零等方式故意规避招标、规避合同控制规定等。

5. 针对频繁发生的经济事项，未设计统一的制式合同模板，可能导致合同审核工作难度及工作量加大。

6. 对须报经国家有关主管部门审查或备案的文本合同，未履行相应的程序。

（二）合同审核主要风险点

1. 合同审核人员未能发现，或者未能及时发现合同文本中的不当内容和条款，给行政事业单位带来损失。

2. 未建立合同会审制度，对于影响重大、涉及较高专业技术或法律关系复杂的合同，未能组织法律部门、技术部门、财务部门等工作人员或外部专家参与审核，未能发现合同文本中的不当内容和条款，给行政事业单位带来损失。

3. 合同文本拟订人和合同审核人责任划分不清，缺乏有效沟通和协调，导致合同审核人发现不当的合同内容、条款未能予以纠正。

4. 法律部门、财务部门、内审部门等各相关部门未从各自的专业角度严格审核合同，导致合同审核流于形式。

（三）合同签署主要风险点

1. 不同级别的合同签署权限不明确，出现了未经授权或者越权签署的合同。

2. 合同印章使用、保管不当，对不符合管理程序的合同加盖了合同印章。

3. 合同的签署授权不合理，导致部门或个人权力过高，诱发舞弊行为。

4. 对于手续不全，对须报经国家有关主管部门审查、备案或公证的合同，未履行相应程序，而导致合同无效。

四、合同执行主要风险点

（一）合同执行的主要风险点

1. 合同条款中，存在未明确约定的事项或约定不当事项，未及时补充、变更协议，致使合同无法正常履行。

2. 未按照合同约定来履行合同。例如，未按照合同规定的期限、金额和方式进行结算，导致行政事业单位的利益遭受损失，或面临诉讼风险。

3. 对合同履行缺乏有效监督，未能及时发现已经存在或可能导致行政事业单位利益受到损失的情况；以及未能采取有效措施弥补损失，致使行政事业单位遭受损失；再或者，由于疏于管理，未能及时催收到期的合同款项等行为。

4. 合同履行、验收不到位或不严格，导致合同质量无法保证。

（二）合同结算的主要风险点

1. 未按合同规定的期限、金额或方式来收付款。
2. 疏于管理，未能及时催收到期的合同款。
3. 在没有合同依据的情况下，盲目收付款。

（三）合同纠纷处理的主要风险点

1. 未建立有效的合同纠纷处理机制，未及时采取有效措施，防止纠纷扩大和发展。

2. 产生纠纷后，未及时按程序报告合同纠纷和拟采取的对策，未与对方有效协商合同纠纷解决办法，或合同纠纷解决办法未得到授权批准。

3. 未及时按照合同约定，追究对方违约责任，导致行政事业单位利益受损。

（四）合同补充、变更、转让和终止的主要风险点

1. 合同生效后，发现合同条款中约定的权利义务不明确，但未能及时与对方协商沟通，签订补充、变更协议，影响合同的正常履行。

2. 合同补充内容或条款未经相应的程序，导致合同补充行为不当或无效。

3. 合同变更未履行相应的程序，导致合同变更行为不当或无效。

4. 合同转让未经相应的管理程序或原合同当事人和合同受让人未达成一致意见，导致合同转让行为不当或无效。

5. 终止未达到终止条件的合同，以及合同终止未办理相关手续等。

6. 未能详细登记合同的订立、履行和变更等情况。

五、合同后续管理主要风险点

（一）合同登记的主要风险点

1. 合同及相关资料的登记制度不健全，导致合同登记混乱、合同序号不顺，影响合同正常履行和纠纷处理的举证工作。

2. 未能详细登记合同的订立、履行和变更情况。

（二）合同归档与保管的主要风险点

1. 合同及相关资料的归档、保管不善，导致合同及相关资料丢失，影响合同正常履行和纠纷处理的举证。

2. 合同保管不当导致泄密，致使单位或国家利益遭受损失。

（三）合同执行评估的主要风险点

合同管理的检查评估不足，或分析评估体系不合理，对合同管理的总体情况和重大合同履行情况，缺乏有效分析评估，导致合同管理中的问题得不到有效解决。

第三节　审计案例及分析

××医院大型设备维保合同审计

一、案例背景

医学技术的发展离不开高精尖的医疗设备，近年来，许多医院每年花几千万元甚至上亿元资金购置大型设备，以改善医疗环境和扩大规模。这些医疗设备资金投入量大，运行和维护成本高。为确保购入的设备投入后能正常运行并达到预期效果，医院经常对特殊的大型设备通过购买维修保养服务的方式，将维修维护责任转到专业公司，签订维保服务合同。

××医院购置××设备为××进口品牌，2015年购入使用，购入价格为208万美元，已使用3年。2018年根据需要拟签订保修合同，保修时间为5年，费用总额为253万元。由于该设备的特殊性，该医院选择了竞争性谈判方式来选择维保公司。经谈判确定由××公司为维保公司，维保合同由对方拟订。

在合同签订前，该医院项目小组召集了相关部门以及专家组成谈判小组，就该项目以及合同主要条款和服务条款与对方进行谈判。小组成员对参与谈判公司的资质等进行审查，与前来的公司进行价格以及售后服务条件的谈判，根据谈判情况进行综合评价，并让公司签字确认最终价格及其他优惠条件。谈判过程首先是价格谈判：从维保公司报价的

320万元开始,谈到287万元、267万元,最后以253万元成交。其次是售后服务的有关事项,最后经评委讨论,一致通过××公司为该项目的维保公司,并由归口管理科室按程序报院长办公会和党委会审议通过。

二、审计过程

首先,审计部门按照《合同法》和有关法律法规以及医院的制度流程等进行了审核。由于该设备属进口设备,技术复杂且性质特殊,该院采用竞争性谈判方式选择、确定维保公司,谈判按照规定的程序进行;评委专家由专家库随机抽取产生,评委小组成员均在《评标守则》上签字,符合《政府采购法》《中华人民共和国保密法》等法律及采购的相关规定,在采购过程中认真负责,客观公正地履行了职责,对所提出的评审意见承担责任,维护了医院利益,整个过程合法、合规。

其次,内审部门对合同内容进行审核,包括维保服务合同中的标的、设备编号、设备描述、合同时间、单价、付款方式、付款时间等内容;标准条款中服务所涵盖的设备、服务期限、客户服务合同类型及服务内容、双方责任与义务、一般条款、违约责任、应急和损害赔偿限制、合同的变更与终止、争议解决、合同生效以及补充条款等。重点审核了合同双方的权利和义务是否明确、是否对等。经济责任的划分是否清晰,审核服务合同中涉及的具体维保、维修条款,维修响应时间、方式等服务是否符合使用科室的需求,是否为医院争取到利益最大化;审核维修服务的价格是否进行市场调查、询价,是否为市场的公允价格等。

三、审计结果应用

内部审计人员专门进行了市场调查,了解该设备三年来的使用情况，签约公司的维护保养及服务情况，包括开机时间、停机时间、设备损坏频率、更换配件等异常现象。参加了项目小组会议，掌握会议精神，采纳了业务主管部门和有关专家的合理化建议，对维保合同提出了如下修改建议。

（一）建议增加的条款

1. "乙方未按规定时间提供维修服务超过×次/年，或自身原因未能修复设备超过×次，甲方有权解除合同，并要求乙方支付当年合同总额10%的违约金，承担由于违约行为给甲方造成的损失。"

2. "若乙方原因，服务无法实现设备开机率95%，即正常开机××天的要求，乙方应向甲方按天支付当年合同价款万分之三的违约金；不能正常开机超过60天的，甲方有权解除本合同。"

3. "乙方接到甲方维修要求后，必须在2小时内到达现场，并于4小时（或甲方接受的时限）内排除故障，恢复原状。如乙方未能在规定时间排除故障，甲方有权聘请第三方提供服务，所产生的费用由乙方支付。"

4. 根据该项目小组的招标会议记录，要求"中标单位支付前期的维修及配件费用"，审计部门发现该合同中没有该项条款，建议增加。此建议可为医院直接节约维修支出21.8万元。

（二）建议修改的条款

1. 合同中"由于外部因素、现场环境、工作范围的要求所造成设备故障，需收取甲方额外的维修费用"，审计部门认为甲乙双方较难界定设备故障产生的原因，且容易增加维修费用，建议删除该条款。

2. 原合同中"甲方报废该设备或终止合同，需提前六个月书面通知乙方，乙方同意后方能终止合同"，审计部门认为该条款约束且损害该院利益，建议改为提前一个月。

3. 原合同中"如果由于甲方人员操作不当而造成设备故障，则甲方应承担由此产生的额外维修费用",审计部门建议将该条款修改为:"若操作不当是由于乙方培训人员未提及或培训不到位造成的,则要求乙方及时、无偿地维修,并承担由此产生的额外费用和赔偿责任。"

对于审计部门提出的合同修改意见,起初医院内部分歧较大,经多次复议无果。内审部门通过主管院领导主持的合同条款协调会,向各部门阐述了修改合同的原因和理由,在协调会上运用谈判技巧,使院领导了解具体情况后支持审计部门意见,确定了修改后的合同条款,并由主管部门(设备科)将合同条款报医院院长办公会和党委会审议通过。

以上建议的采纳和应用,完善了该设备维保合同,最大限度地避免了合同纠纷的产生,使得隐患消除在合同正式签订之前,并为医院带来了直接经济效益21.8万元。审计人员通过对该项目合同的审核,对医院大型设备的维护运作有了进一步了解;使用科室则细化了大型设备维护、维保的记录,完善了相关的制度。同时,医院也降低了维保维修费用,使维修费用控制在较低且合理的价位。设备的使用效率和维修效果的提高,保证了临床的诊断需求得以满足,为病患者提供更快捷、准确的医疗服务。

四、案例分析及启示

(一) 案例分析

对设备维保服务合同进行审计是内部审计部门的工作内容之一,同时维保合同也存在着修改困难和维保价格议价能力弱的现实情况。所以审计部门审计时,既要严格把关,审核合同的完整性、合法性和严密性,防止因条款疏漏使医院蒙受损失;又不能因太过于拘泥形式,导致无法操作,合同双方难达共识、合同搁置不签,影响了临床医疗工作的正常开展。

（二）启示

1. 在当前市场经济条件下，合同是连接各经济主体、处理经济关系的重要法律依据，同时也是产生纠纷的根源。合同的顺利签订和履行，是医院经营发展的前提和基础，也是医院经营目标得以实现的重要保证，更是医院控制风险，增加价值、增强竞争力的基础和保证。因此，在医院内部进行合同审计，是医院发展的必然选择和内在需要。

2. 随着医院进口设备购置数量和金额的增加，维修维保服务的任务日益加重，这些大型设备有必要完善其采购、维修、维保制度，进行跟踪记录，记录内容包括保养时间、故障现象、分析判断、检修过程、设备的配件更换等情况，以便准确选择和确定设备的维保方式，如实报实销方式、购买保修方式、引入第三方维保方式等，旨在既可满足临床需求，保证患者的诊断，又能降低医疗成本，提高医院的经济效益。

第十四章 财务收支审计

第一节 概述

财务收支是国家机关、国有金融机构、企事业单位和其他组织按照国家的财务会计制度的规定,办理会计事务,进行会计核算,实行会计监督的各种资金的收支。《审计法》(修订草案)第三条规定:"国家机关、人民团体、国家事业组织、国有资本占控股地位或者主导地位的企业(含金融机构)其他管理、分配和使用公共资金、国有资产、国有资源的单位,以及其重要负责人,属于市级机关的审计对象,依照本办法规定接受审计监督。审计机关对前款所列单位的财政收支、财务收支和有关经济活动的真实、合法、效果情况,其主要负责人履行经济责任、自然资源管理和生态环境保护责任情况,以及其他依照本法规定应当接受审计的事项,依法进行审计监督。"本章我们所阐述的财务收支审计就是行政事业单位内部审计机构对本单位财务收支的真实、合法和效果情况进行的审计监督。

一、行政单位财务收支审计

(一)行政单位内部财务收支审计的主要内容

行政单位是指进行国家行政管理、组织经济建设和文化建设、维护社会公共秩序的单位，主要包括国家权力机关、行政机关、司法机关以及实行预算管理的其他机关、政党组织等。其内部财务收支审计包括如下内容：

（1）预算编制的科学性、合规性、合理性；

（2）检查单位资金收入和支出是否符合会计制度的规定；

（3）检查预算外资金和专项资金的收支是否合规；

（4）执行"收支两条线"情况，资金收支凭证，收入票据的管理、资金缴纳与票据的一致性；

（5）经费收支凭证、会计账目及报表的一致性、准确性；

（6）预算执行情况，各项支出是否纳入预算管理，是否有超预算、超标准支出；

（7）单位基本建设、维修修缮项目支出是否符合项目预算，有无随意增减项目或超预算支出；

（8）核对账证、账账、账实的一致性，确保单位国有资产保值增值；

（9）财务决算的完整性、准确性；

（10）其他应审计的内容。

（二）行政单位财务收支审计的具体项目

行政单位财务收支审计是财务审计的重要组成部分，是指对公共部门为完成事业计划必须进行的资金收支事项进行的审计。

1. 行政单位决算审计

行政单位所需经费一般由财政部门或上级主管部门拨付，年终报账核销。由于行政单位工作性质不同，其预算与财政总预算的缴款关系也不同，一般分为全额预算、差额预算和自收自支三种方式，对于行政单位决算审计，无论单位采用哪种预算管理模式，其决算审计包括：

（1）审查行政单位是否遵循党和国家财经方针、政策和贯彻勤俭节约原则，并按规定有年度预算。

（2）审查单位年度终了是否按规定编制决算报表，审核报表填列是否符合会计制度及准确性，表间钩稽关系的对应和衔接，决算指标与预算指标、统计指标口径是否一致，各项资产、债权、债务是否真实。

（3）审查单位年度预算内、预算外收支是否合法合规，有无超标准、超范围损失浪费挤占挪用等现象，有无改变资金使用性质现象，各项往来账项是否及时清理，有无长期挂账现象等。

2. 经费领拨审计

经费领拨审计主要审查各项经费是否按预算级次领拨，是否与用款单位工作进度相适应，领拨的用途是否符合规定，有无违反专款专用原则改变经费用途现象。

3. 经费支出审计

（1）审查各项经费支出是否符合规定的定额和标准，有无无预算、超预算超范围、超标准支出。

（2）审查进给支出是否专款专用，有无各项资金相互挤占问题。

（3）审查各项进给支出是否按规定的支出统一要求和口径进行列支，有无以拨代支、以领代报现象。

（4）审查购买的专控商品是否符合规定，有无违法违规现象。

（5）审查经费支出是否符合报销的规定，有无不符合经费支出规定的列支或违反会计制度的支出等。

4. 预算外资金审计

行政单位按照国家规定，自行组织的收入是单位财务收支的重要组成部分，必须纳入单位统一核算，严禁"小金库"现象，针对这部分收入和支出的审查，主要是收入和合法性，有无相应的文件规定，票据是否合规，收入是否全部入账，支出是否合法合规等。

二、事业单位财务收支审计

（一）事业单位内部财务收支审计的主要内容

事业单位是指由国家创办的，不直接从事物质资料生产，以改善社会生产和人民生活条件、增进人民物质文化生活而发展科学和文件教育、医疗卫生和福利救济事业为目的的非营利组织。国家财政对国家事业组织分别采取全额预算拨款、差额预算拨款、由本单位自收自支的预算管理方式。但不论采取何种管理方式，这些单位均是审计机关监督的对象。值得提出的是，如果事业单位实行企业化管理，执行国家对企业的有关规定，就不再作为事业单位对待。审计实施过程一般包括以下审查内容：

（1）预算编制的科学性、合规性、合理性；

（2）财务收入来源的合法性、入账的完整性；

（3）财务支出范围的合法、合规以及合理性；

（4）单位资产的安全性；

（5）账务处理的正确性和规范性；

（6）基本建设项目拨款是否按规定入账，是否按照项目管理规定支出经费，有无超预算或违规支付；

（7）专项资金管理是否专款专用，有无挤占挪用现象；

（8）预算执行的偏离情况及预算调整的合规性、合理性；

（9）财务决算的完整性、准确性；

（10）其他需要审计的内容。

（二）事业单位财务收支具体审计项目

1. 收入审计，主要审查事业性收费的合规性，有无擅自设置项目，超范围、超标准收入，是否全部入账，有无先分后收、多分少收以及坐支现象，是否准确计税，有无偷漏税金等现象。一般情况问题主要集中在以下方面：

（1）未经省级人民政府的财政部门会同物价部门批准进行收费；

（2）应缴未缴财政专户和没有及时足额上缴财政或坐支未缴收入；

（3）账外资金形成"小金库"；

（4）不按规定使用财政部门统一印制或监制的收费票据；

（5）票据管理不规范、缴销不及时等；

（6）其他相关问题。

2. 支出审计主要审查各种支出费用是否违反了国家的制度规定，是否真实合法。具体如下：

（1）是否违规发放各类津补贴和奖金；

（2）应缴未缴的各类税金及附加；

（3）是否挤占、挪用专项资金；

（4）是否有虚假发票报销现象；

（5）有无虚列支出；

（6）有无资产未及时入账现象；

（7）超权限处置国有资产；

（8）未执行政府采购自行购置物资以及违规购置专控物资；

（9）其他相关问题。

3. 对于进行成本核算的事业单位，对其成本费用的审计主要审查各种成本费用开支范围和标准有无超出规定，是否遵循配比原则以及权责发生制原则，成本费用计算是否正确，是否准确计算实际成本。

4. 审查事业单位预算收入、支出和结余是否准确，实际执行结果与预算的差异程度及产生原因。

5. 各类往来账是否及时处理，有无长期挂账问题等。

6. 上述未涵盖的其他收支问题。

第二节　审计案例及分析

一、基本情况

根据20××年A单位年度审计工作安排，内部审计处于20××年××月组成审计组，对A单位上一年度的预算执行及其他财务收支情况进行审计。A 单位财务部门对所提供的会计资料及其他证明性材料的真实性、完整性进行了书面承诺。审计主要依据《会计法》《审计法》《预算法》《事业单位会计制度》等法规制度及 A 单位相关管理规定，审计实施包括查阅资料、抽查会计账簿资料等必要的审计程序。

二、审计内容

审计内容主要包括预算管理与财务管理的管理制度、预算编制的方法和程序、预算调整的程序、财务收支情况、资产管理、重大经济事项、财务决算情况等内容。重点审查合法性、合规性。

三、审计实施步骤和方法

（一）审计准备阶段

1. 确定重要性与审计风险并成立审计组。根据 A 单位预算管理和财务管理情况进行综合分析，评估审计风险，并据此确定所需的审计程序及审计资料等。内部审计处综合考虑各方面因素，安排人员，成立审计工作组，审计组实行审计组长负责制。

2. 编制审计方案。审计组在考虑管理需要及审计资源的基础上，编制审计方案，确定审计内容和审计重点，对审计工作作出合理安排。审计方案由审计组主审编制，经审计组长审批后实施。

3. 发出审计通知书。实施审计三个工作日前向 A 单位财务部门送达审计通知书，通知被审计单位审计时间、审计目标、审计范围以及被审计单位应当事先准备的资料等事项。

（二）审计实施阶段

1. 开展审计调查。审计组人员根据审计方案的要求，采用询问法和观察法对内部控制进行了解,对A单位内部控制进行调查、研究,对其适当性和有效性作出评价。

2. 具体实施审计。审计组人员运用检查、观察、询问和分析等方法,获取充分、相关、可靠的审计证据。对A单位的预算执行情况进行了全面的核查,主要审计内容包括:财务管理体制、会计核算、财务管理制度和内部控制规定等财务管理是否符合规定和健全有效;预算编制原则、各项收支执行预算、预算调整等是否合法合规;各项收入真实合法、有无隐瞒、截留、挪用、私设"小金库"等问题,收费票据管理、收入上缴等是否符合要求;各项支出按照预算执行,支出执行国家和A单位财经法规和开支范围,会计核算合法合规等;资金结余管理和使用符合财经法规情况;货币资金、应收及暂付款、固定资产、无形资产等资产管理合规合法;有无负债并是否及时清理;财务决算编制、报告等内容是否全面、真实、有效;对重要经济活动决策、执行、监督情况进行审计;对以往年度审计整改情况进行审计。审计认为有必要时追溯到其他年度。

3. 编制审计工作底稿。审计组人员将审计程序的执行过程及收集和评价的审计证据归纳整理,编制审计工作底稿,做到内容完整、记录清晰、结论明确,客观反映审计方案的制订及实施情况,并包括与形成审计结论和建议有关的所有重要事项。

(三) 审计报告阶段

1. 编制审计报告并征求A单位财务部门意见。拟订初步的审计报告,形成审计报告征求意见稿,征求A单位财务部门的意见。A单位财务部门按照要求及时将书面意见送交审计组。

2. 分级复核审计报告。审计组长审定后,由内部审计处对审计组提交的审计报告进行审核,对审计事项作出评价,出具审计报告。审计报告经单位主管领导批准后,及时送达A单位财务部门。

四、审计结果

（一）审计基本情况

1. 财务管理情况

A 单位是省级二级预算管理的事业单位，实行"统一领导、分级管理、集中核算"的财务管理体制，重大财务收支事项经行政办公会审议，最后由党委会审定。日常财务运行由分管财务工作的分管领导负责，财务处组织实施。A 单位设立一级财务机构，无二级核算单位。

A 单位相继制定或修订相关财务管理制度，包括《A 单位财务管理办法》《A 单位预算管理办法》《A 单位经费支出审批管理办法》《A 单位经济合同管理办法》《A 单位差旅费管理办法》等管理制度，财务管理制度基本健全、有效。

2. 预算编制情况

预算编制符合程序要求。经 A 单位各部门申报后由财务处组织编制综合财务预算，经过财经委员会审核通过后提交行政办公会审议，再经党委会审定后发文执行。预算编制坚持"量入为出、收支平衡"的原则。收入预算编制全面真实，积极稳妥；支出预算编制统筹兼顾、保证重点、勤俭节约。

××年度 A 单位预算收入为 51 106.14 万元。其中，财政补助收入为 35 677.71 万元，事业收入 14 268.43 万元，其他收入 1 160.00 万元。

××年度 A 单位支出预算共计 51 106.14 万元。其中，基本支出 44 674.64 万元，项目支出 6 431.50 万元。在支出预算中：工资福利支出 24 097.30 万元，占总支出的 47.15%；商品和服务支出 13 698.37 万元，占总支出的 26.80%；对个人和家庭的补助支出 6 878.97 万元，占总支出的 13.46%。

3. 预算调整情况

A 单位在 11 月份进行预算调整，符合 A 单位财务收支的实际情况，也符合《A 单位预算管理办法》关于"年度预算调整时间间隔不得低于 3 个月"及"年度预算调整不超过 2 次"的相关规定。预算调整的程序符合 A 单位管理的规定，同样经过财经委员会审核讨论后，经行政办公会审议，最后由党委会审定通过。

收入预算调整 2 113.86 万元，其中，调增 2 376.86 万元，调减 263.00 万元。按照 A 单位预算调整有关规定，在收入预算调整时调整支出预算。支出预算同等调整 2 113.86 万元，其中，基本经费调增 1 205.26 万元；项目经费调增 1 171.60 万元，调减 263.00 万元。

4. 预算执行情况

（1）财务收入。各项收入能够按照"收支两条线"进行统一管理、统一核算，及时足额上缴省财政。收费的项目、标准和范围执行省物价局的规定批准，无擅自增加收费项目、扩大收费范围、提高或变相提高收费标准的行为。收费票据的领用和管理符合票据管理的相关要求。

（2）财务支出。各项支出基本能够按预算计划执行，实行部门与项目控制。能够执行国家财经法规，会计核算基本合规、准确，开支范围和标准符合国家有关财务制度的要求，未发现虚列虚报、违纪违规等问题。

（3）结余及其分配。根据资金性质分别进行结余和结转，对非财政资金基本支出结余按照相关规定提取职工福利基金 457.18 万元，结转事业基金 1 828.73 万元，项目资金结转 18 231.24 万元，结转结余资金共计 20 517.17 万元。

5. 财务决算情况

能够按照上级主管部门财务决算的要求按时编报财务决算，经过财经委员会审议后进行上报。财务决算组织有力，内容完整，数字准确，多角度进行财务分析，对结余结转情况分析详尽并提出相应对策，并对加强部门决算数据分析利用方面提出建设性的建议，有助于决算分析的应用，进一步规范和提升财务管理水平。

（1）××年度预算收入 53 220.00 万元，实际收入 54 816.24 万元，超预算收入 1 596.24 万元，这是由于各个因素共同作用的结果，主要原因是：年底财政补助以前年度个人职业年金和养老保险 2 313.36 万元；离休人员经费 121.7 万元未纳入年度预算内；核拨专项建设资金 300 万元；事业收入减少 1 892.40 万元；其他收入增加 891.93 万元。

（2）××年度预算支出 53 220.00 万元，实际支出 48 293.03 万元，预算结余 4 926.97 万元。由于预算和决算数据的口径不同，基本支出中商品和服务支出预算结余 8 836.62 万元，其他项目支出超支 5 350.47 万元。按决算口径年度预算商品和服务支出中 6 550.71 万元应属项目支出，预算结余 4 926.97 万元中，决算口径属年度基本支出非财政资金预算结余 2 285.91 万元，另外 2 641.06 万元属项目支出结余。形成结余的主要原因是：本年度基本建设项目招投标进展缓慢，部分工程未开工；事业类项目政府采购周期长，许多项目还在履行政府采购手续中未完全执行；另外，部分项目正在执行，但尚未达到支付要求。

（3）××年度结转结余资金 20 517.17 万元，其中，财政资金项目结转 300 万元，非财政资金基本支出结余 2 285.91 万元，非财政资金项目支出结转 17 931.25 万元。结转结余资金较大，其主要原因在于如下几个方面：①科研项目研究周期较长。②新扩建项目进展缓慢，部分工程未开工。③政府采购周期长，许多项目还在办理政府采购手续中未能执行。④部分项目正在执行中，尚未达到支付要求。⑤部分项目负责人对项目执行重视程度不够。

（二）审计评价

A 单位财务实行统一集中核算，基本能够执行国家财经法规，财务收支基本真实、完整，财务管理制度较为健全有效。能够加强全面预算管理，预算编制科学规范，注重预算管理的制度化、程序化，预算执行基本保持刚性，财务决算内容完整，分析得当。

（三）存在问题

1. 部分专项的可执行性论证有待进一步加强。A 单位部分专项建设的项目重视必要性论证，但对可执行论证的重视程度不够，项目管理缺乏精细化，项目的技术参数、规格要求等较为模糊，或者具有排他性，或者缺乏配套设施，导致对后期的项目执行尤其是招标采购环节形成直接影响，在一定程度上影响到预算的执行，造成年底大量资金的结转。

2. 财政性资金的支付进度较为缓慢，均衡性不够。由于各种因素的影响，A 单位财政性资金的支付进度较为缓慢，滞后于上级主管部门要求的序时进度，前松后紧，均衡性不够，不能较好地适应财政管理体制改革的要求，为 A 单位资金管理带来潜在风险，在一定程度上不利于维护 A 单位的经济利益。

3. 预算执行的绩效考核有待加强。对预算执行情况偏重效率分析即预算执行进度分析，未能够加强对资金的使用效益进行分析，未能将预算执行情况同下一年度的预算安排相挂钩，应当建立奖惩机制，加强财务管理在资源配置中作用的发挥。

（四）审计建议

1. 编制中长期财务预算，进一步科学编制年度财务预算。围绕 A 单位发展的中长期规划，科学预测，编制中长期财务预算，保证实现中长期规划所需资源的合理配置，建立滚动预算机制，在此基础上细编年度财务预算，保证年度目标任务与中长期目标任务的统一性，实现年度预算编制的科学性。

2. 加强项目库建设，充分发挥资金的使用效益。A 单位围绕中长期规划的顶层设计，建立项目库制度，保证重点投入，对项目必要性和可行性论证并重，遴选、储备一定数量各个类别的成熟项目，区分轻重缓急，分别编入 A 单位中长期财务预算和年度财务预算，提高项目的可执行性，充分发挥资金的使用效益。

3. 严格预算执行，保证预算严肃性。A单位及其经费负责人要高度重视预算管理工作，强化预算的法律约束力，推行"刚性预算管理"，科学合理制订预算执行计划，将支出任务分解到各个时间节点，落实责任，采取切实有效措施，按进度及时使用经费，确保预算按期执行，落实上级主管部门对支付序时进度的要求，加强预算执行情况动态监控。

4. 加强财务绩效分析评价，进一步提升财务管理水平。在进行常规的财务比率分析的基础上，积极探索财务绩效分析与评价的路径，科学选取不同类型的指标，采用财务指标和非财务指标相结合的方法，对资金使用效益进行分析和评价，并建立相应的奖惩机制，不断提升财务管理水平。

第十五章 专项审计调查

第一节 概述

一、行政事业单位内部审计专项审计调查的概念

中华人民共和国审计署 2001 年令第 3 号《审计机关专项审计调查准则》中的第二条对专项审计调查进行解释，专项审计调查是指审计机关主要通过审计方法，对与国家财政收支有关或者本级人民政府交办的特定事项，向有关地方、部门、单位进行的专门调查活动。

行政事业单位内部审计专项审计调查，是指行政事业单位有独立的内部审计机构或专职内部审计人员接受本单位或上级部门、审计部门委托，对与国家财政收支有关或者本级人民政府交办的特定事项，向有关地方、部门、单位进行的专门调查活动。

二、行政事业单位内部审计专项审计调查的范围

2001 年 8 月 1 日，中华人民共和国审计署令第 3 号公布《审计机关专项审计调查准则》，规定专项审计调查范围包括国家财经法律、法规、规章和政策的执行情况；行业经济活动情况；有关资金的筹集、分配和使用情况；本级人民政府交办、上级审计机关统一组织或者授权以及本级审计机关确定的其他事项。

2006年颁布的《中华人民共和国审计法》第二十七条规定：审计机关有权对与国家财政收入有关的特定事项，向有关地方、部门、单位进行专项审计调查，并向本级人民政府和上一级审计机关报告审计调查结果。

2010年修订的《审计法实施条例》更加明确规定了专项审计调查的范围，第二十三条规定：审计机关可以依照审计法和本条例规定的审计程序、方法以及国家其他有关规定，对预算管理或者国有资产管理使用等与国家财政收支有关的特定事项，向有关地方、部门、单位进行专项审计调查。

2010年的《国家审计准则》对专项审计调查范围也进行了外延描述，第三十六条规定：对于预算管理或者国有资产管理使用等与国家财政收支有关的特定事项，符合涉及宏观性、普遍性、政策性或者体制、机制问题的，事项跨行业、跨地区、跨单位的，事项涉及大量非财务数据的，以及其他适宜进行专项审计调查的情形可以进行专项审计调查。

综上所述，行政事业单位内部专项审计调查范围为：（1）与国家财政收支有关的特定事项，具体包括资金收支、预算管理、国有资产管理和使用等；（2）涉及法律法规、政策执行情况及体制问题的事项；（3）跨行业、跨地区、跨单位的事项；（4）涉及大量非财务数据的事项；（5）本级人民政府和上级审计机关交办的事项。

三、专项审计调查的对象

专项审计调查作为国家审计的一种审计方法，与传统财务审计不同，其审计对象是使用公共资源的机构，不仅包括传统财务审计所涉及的直接使用财政资金的政府机关和事业单位，也包括享有政府特许资源经营管理权的事业单位、企业、民办非企业单位以及民间行业协会等间接使用公共资源或者以政府信用为担保的机构，有时也包括因使用或分配公共资源而受益或受损的个人。

四、专项审计调查与专项审计的区别

专项审计调查,是指审计机关主要通过审计方法,对与国家财政收支有关或者本级人民政府交办的特定事项,向有关地方、部门、单位进行的专门调查活动。而专项审计是对某个具体项目的审计,其他的不涉及。

专项审计调查与专项审计在目的、程序、对象、要求、作用等方面具有各自的特点。二者虽然都是审计法赋予审计机关的职责,但在一些具体方面是有所区别的。

从目的看,二者是相同的,都是为国民经济的宏观正常运转服务,即从微观入手为宏观服务。但审计调查的目的是针对经济生活中存在的突出问题或对一些方针政策的实施情况开展有针对性的调查,目的性较强。而专项审计的目的,主要是对某个单位或行业财政财务收支的真实、合法、效益性的确认和评价。

从程序看,专项审计调查是以审计为基本手段的调查,这是与其他行业调查的区别所在。审计的规范、准则同样适用于审计调查。但毕竟调查不是审计,在程序上是有区别的。审计署关于审计调查的准则规定,调查可征求意见,出具调查报告,相比专项审计的审计报告需要征求被审计单位意见,出具意见书、决定书的规定来说,程序上简化一些,有利于提高工作效率。一是在通知书方面。专项审计调查通知书在实施审计调查前送达被调查单位即可,而专项审计应当在实施审计3日前送达审计通知书。二是在报告征求意见方面。专项审计调查组可根据工作需要决定,可以向或不向被调查单位征求意见。而专项审计报告报送审计机关前,应当征求被审计单位意见。三是在报送报告方面。专项审计调查报告经本级审计机关审定,并向本级人民政府和上级审计机关报告审计调查结果后,无须向被调查单位出具审计意见书、审计决定书;而专项审计除了向本级审计机关、本级人民政府和上级审计机关报

送审计报告外,还应当在法定职责范围内向被调查单位出具审计意见书、审计决定书。

从工作内容、对象范围看,专项审计调查,是对国家财政财务收支有关的或本级政府交办的特定事项进行专门调查,对与国民经济健康运行息息相关的宏观问题进行观察、分析、判断,并提出建设性意见和建议,涉及的面比较广。因此,专项审计调查客观上要求有一定的量和面,可同时针对全行业或不同法人单位就拟订的内容开展调查,对象范围比较广,具有较强的宏观性。如《审计法》第二十七条规定,专项审计调查有权向有关地方、部门、单位进行,灵活性较强。而专项审计是审计机关依法对被审单位的财政财务的真实、合法、效益情况进行审计监督,工作内容比较单一。专项审计的对象通常是一个单位或个人,涉及的对象范围比较窄,具有明显的微观性。

从对审计人员的要求看,专项审计调查不仅要求审计人员有查账的知识,更要有与调查内容相适应的管理知识、专业知识、政策水平,要了解国家的大政方针。写作水平相对要求高,调查报告不仅要揭示存在的问题,更要有问题的成因分析,要有调查结论和改进建议。而专项审计经过多年的积累和规范,有较固定的模式,对审计人员的要求主要集中在以财政财务知识为基础,对各项会计准则和审计准则的正确把握。

五、专项审计调查的意义

(一)提高审计服务改革发展的精准度

专项审计调查克服了传统财务审计局限于具体单位、具体资金事项,无法全面深入地反映地方经济社会发展面临问题的缺陷,聚焦改革过程中的难点热点和群众反映强烈的问题和领域,采用灵活的审计方法,深入挖掘政策执行过程中的障碍和遇到的问题,为政府推进改革、科学决策提供数据支持和参考,促进政府制定的各项惠民政策及时落地,推动经济社会良性发展。

（二）拓宽审计监督的领域

通过广泛开展各行各业的专项审计调查，将审计监督延伸到经济发展的各个领域，包括公共管理、教育、卫生、社会保障、农业、水利、服务业、环境管理等，对流向各个行业的公共资源的使用情况进行监督，提出改进建议，增进公共利益。

（三）促进公共资源使用绩效的提高

通过专项审计调查，以审计"倒逼"各项制度的完善，维护公共资源安全，盘活存量，用好增量，促进公共资源合理配置、高效使用。

（四）提高审计工作的透明度

专项审计调查在网站相关栏目公示包括专项审计调查项目信息在内的各类审计信息，对专项审计调查项目进行审前公示和审计结果公开，面向社会接受监督。一方面，对于即将开展的专项审计调查项目，通过网站对审计范围、审计内容、审计时间、审计方式、审计人员、审计联系方式、审计纪律要求等内容进行公示，接受被审单位和群众的监督。另一方面，对于已经结束的专项审计调查项目通过网站对审计基本情况、审计评价意见、审计发现的问题和整改情况进行公开，接受社会各界监督，较好地提高审计工作的透明度。

第二节 专项审计调查相关业务

一、行政事业单位内部审计专项审计调查的方法

行政事业单位内部审计专项审计调查的方法根据调查的具体事项来

选择，涉及常规审计调查事项时选择的审计调查方法有计算、复核、函证、盘点等，在涉及其他方面地事项的专项审计调查时一般采用资料审阅、抽样检查、问卷调查、座谈走访、实地查看等方法。

（一）资料审阅

根据审计调查事项的具体情况来查阅被调查单位有关的文件、统计数据、会议记录等，以检查事项发生的合理性及结果。

（二）抽样检查

利用科学的统计方法，在被调查的若干个数据中选取部分典型数据来检查，既客观反映被审计调查事项，又提高调查效率。

（三）问卷调查

可采用设问式或表格式调查表交给被调查者据实填写，然后对有效问卷进行整理。设问式问卷是将调查内容设定为若干个问题，在问题设计时注意要简明扼要、容易理解、易于回答。表格式问卷是将调查内容确定为若干个可以量化的指标，设计为审计调查表格，在被调查者填写后由审计人员对其进行回收及汇总。

（四）座谈走访

审计调查人员与被审计调查相关人员以座谈会或个别走访的形式进行沟通了解，听取多方人员的意见。

（五）实地查看

审计调查人员到被审计调查单位就调查事项进行实地了解、查看，对审计调查事项进行全方位了解，并掌握被审计调查事项的大概情况。

二、行政事业单位内部审计专项审计调查的程序

行政事业单位内部审计专项调查程序包括准备阶段、实施阶段、结束阶段、整改检查阶段这四个阶段，内部审计机构及审计人员要严格按照相关法律法规的要求开展专项审计调查工作。

（一）专项审计调查准备阶段

1. 专项审计调查项目立项

一般来说，专项审计调查项目立项要以项目的可行性、影响程度、重要性为选择标准，了解审计调查对象、内容，再制订审计工作项目计划。内部审计机关确定专项审计调查项目，将方案报经审核批准后正式立项。

2. 组成专项调查组，进行事项了解

成立专项审计调查组时应考虑人员素质、人员连续性、回避制度等因素。

3. 制订专项调查实施方案

包括专项调查的目的、范围、重点、措施、分工安排等。

4. 开展审前培训

围绕本次专项审计调查的工作目标，组织专项审计调查组成员学习与专项审计调查事项相关的政策法规，明确专项审计调查工作的思路和方向。

5. 送达专项审计调查通知书

审计调查组应及时向被审计调查单位发出"专项审计调查通知书"，向被审计调查单位发送需要准备的资料清单，并提出准备资料和配合工作的要求。

（二）专项审计调查实施阶段

专项审计调查组到被审计调查单位，查阅被审计调查单位的相关材

料，收集充分适当的审计证据，做好审计工作记录，并正确编制、审核专项审计调查工作底稿。专项审计调查人员在分析审计调查证据的基础上对被审计调查事项作出客观的评价和科学、准确的结论。

（三）专项审计调查结束阶段

这一阶段主要有以下几个方面的工作：

1. 汇总资料，编写专项审计调查报告

专项审计调查组汇总审计调查资料，整理并分析审计调查工作底稿，若发现审计调查工作底稿工作中存在事实不清、证据不足的情况，应当及时采取措施，以保证审计调查证据充分适当。在此基础上再编写审计报告，要在审计调查报告中如实反映发现问题的性质、数额、原因，以便于评估问题的重要性。

2. 征求被审计调查单位意见

审计调查人员将经过规定的程序审批后的审计调查报告，以审计机关的名义征求被审计调查单位相关人员的意见。若有异议，审计调查组须进一步调查，被审计调查单位提供书面说明和材料，审计调查组根据具体情况决定是否进行修改。

3. 复核、审理专项审计调查报告

由专职复核人员或复核机构对专项审计调查目标是否实现、调查事项是否完成、发现的问题是否在审计调查报告中反映等进行复核，并提出书面的复核意见。

4. 作出审计处理，起草审计移送处理书

专项审计调查组根据职权范围对发现的问题提出处理、处罚意见，需要移送其他有关主管机关的、或者追究有关人员责任的事项，审计机关应出具审计移送处理书。

5. 整理审计调查的文件，建立档案

专项审计调查组报送审计报告后，应开始专项审计调查事项的归档工作。

(四) 专项审计调查整改检查阶段

该阶段的工作主要是专项审计调查组及时监督和检查被审计调查单位对审计意见整改落实情况，一般可以通过实地检查或了解、审阅相关书面材料等方式对被审计调查单位的整改情况进行检查和督促，以保证专项审计调查的结果最终发挥其作用。

三、专项审计调查通知书格式

××（审计机关全称）专项审计调查通知书

审×调通〔××××〕×号

根据×××××，决定派出专项审计调查组，自××××年×月×日起，对你单位××××情况，进行调查。请予配合，并提供必要的工作条件。

调查组组长：

调查组成员：

（审计机关全称及印章）

××××年×月×日

主题词：×××××

抄送：×××××

第三节 专项审计调查案例及分析

一、案例一 某高校门面招租内部审计专项审计调查

关于某高校门面招租专项审计调查

（一）案例背景

随着国家经济的快速发展、经济环境的改变以及高校的不断扩建，

高校为更加合理地开发利用周边的地区资源，为争创更多收益，校内门面增建速度越来越快，门面营业业务范围越来越广、数量越来越多，但门面出租制度不健全、管理不规范，给高校门面管理带来很大的挑战。因此，如何科学管理高校经营性资产，使经营过程获得更大收益，是当前高校门面管理的热点。作为内部审计单位，如何更好地从审计角度规范门面的管理，使国有资产达到保值增值的目的是目前研究的重点。高校通过公开招租门面，既符合国家、地方国有资产管理、国有资产收益管理及公有房屋管理的要求，又能体现门面租赁的公开、公平、公正，还遵循了市场经济发展，实现了门面租金收益最大化。

根据某学校领导的指示，对由后勤部门负责的学校食堂周边经营性门面进行公开招租，这是学校首次进行门面公开招租，是直接关系学校师生生活便捷服务的问题，学校领导高度重视。因此，向学校审计部门下达门面招租审计调查通知书。

（二）审计过程

1. 确定审计重点

审计部门接到审计任务后，立刻组成审计调查小组，同时，召开审前培训会，让小组成员对项目都能有初步的了解，结合现有的相关资料及门面管理中存在的问题，制订一个具体可行的审计调查方案。审计组成员发现，门面管理书面材料过于简单，且极为缺乏，比如，原合同签订情况、实际上缴的租金收入情况等都无书面备案资料；无门面营业分布图，无法了解到拟招租门面所处的地理位置等。另外，此次门面公开招租调查工作，可能会遇到很大的阻碍，因为有部分是校内"关系户"经营的门面，所以此次公开招租可能会涉及部分人的利益。因此，开展本次审计调查工作可能障碍重重，过程中遇到问题须及时汇报，及时协调解决。经分析，将门面分布情况、经营范围、门面租金收入收缴及门面管理、合同管理、招租底价的确定和交付、招标文件的核定等方面作为本次审计的重点。

2. 进行深入分析

根据后勤部门重新补充提供的相关材料，对拟招租的门面情况进行分析。通过分析，拟公开招租44个门面（分布在食堂周边），用于经营饮食及学生用品，其中在北区食堂附近有20个，教工食堂周边6个，南区食堂附近17个，学院西大门1个，其中西大门的门面地理位置优越；对于提供的原门面协议进行分析，44个原经营的门面中，有25个门面没有签订合同。

通过对门面的资料进行初步分析后，采用询问的审计方式向后勤部门领导及饮食服务中心主任了解门面的相关情况，了解到现门面均为前任处长任职期间签订，门面没有进行公开招标，一般由管理部门提出，处（室）领导同意，商家即可进行项目经营；门面出租没有相应的管理制度，在合同的签订和管理方面也缺乏规范的管理程序和管理制度，暴露出单位在此方面内部控制制度方面存在的不足和缺陷。

3. 实地调查

经过初步分析及询问相关人员，审计调查进入实地调查程序。审计组成员根据门面的分布情况，实地走访门面，观察门面的位置、面积大小、客流量等，从实地核查原经营门面分布的情况、营业范围，并结合后勤部门提供的门面招租标底定价及门面的高峰期（中午、晚上）人流量观察。审计发现，部分门面制定的招租底价明显偏低，在观察人流量时一并向商家了解门面的原租金情况，却没有了解到任何一个门面的租金。对此，审计组长及时发现，并提出必须要调整审计调查方法，否则将一无所获。

为审定合理的招租底价，审计组召开了工作协调会，提出要更切实地了解门面原租金的真实情况，在开展审计调查过程中除了询问，还需要讲究审计调查的方式方法。经过讨论，审计调查方式由直接询问改为间接了解，审计人员乔装打扮，明察暗访，从不同的渠道多方面了解原租金情况。同时，还要向学校周边人流量比较密集的地方了解租金的情况，以便更好地进行招租底价的审定。

经过调整,将审计组人员分成两个小组展开实地核查询问。询问方式的改变,果然能了解到门面原租金情况。同时,原商家推心置腹地向审计组成员透露,担心学校采用公开招租的方式招租门面后,难以再投到满意的门面,从而会影响将来的收益。

(三)审计查找的问题

对拟进行公开招租的44个门面进行摸底调查,调查结论为:(1)相关内部控制制度不健全,门面管理采取"分块"管理,"信息不公开",门面出租由职能部门自行确定,存在出租过程不公开、出租价格不合理的情况。(2)合同管理不规范,门面承租人未报批就私自改变经营范围,不按合同规定的范围经营,甚至还存在私自转包经营、获取利益等问题。同时,在经营过程中,经常出现合同管理的漏洞,如违反合同、临时退租、未按合同约定条款支付违约费用等情况。(3)门面管理人员缺乏对合同档案的整理、分类和保管,合同丢失情况更为严重。

(四)审计结果

根据审计组成员实地询问调查结果分析得出:有11个门面租金招标定价明显偏低,其中2个门面的地理位置一致,面积大小一样,租金却不相同,租赁不合理。审计部门依据相关审计调查资料及实地询价情况,并结合各门面的实际情况,审定门面招租底价,最后将门面审定的招租底价装入信封并加盖审计部门公章封存,待招标当日现场拆封公开标底价,作为投标时的最低控制价。

(五)审计结果运用

根据审计审定的招租底价,本次门面招租中共有177家商家提交了投标书,参与44个门面的招租竞价。在这次招租中,共有37家中标成功,有7个门面因投标人数不足3家或报价低于标底而流标,第二次开标后,全中标成功。经过公开招标后,门面租金增加,为学校创造了更大的收益。

（六）案例分析及启示

此次门面招租审计调查，促进了高校为师生提供更好的生活服务和便利条件，一定程度上也满足了高校自身发展建设的需要。通过公开门面招租审计，不断规范高校门面经营管理，促使国有资产管理部门制定高校门面出租的国有资产管理办法，设置合理流程，让招租过程在阳光下进行。但本次审计调查工作也存在如下不足：

（1）由于审计调查任务在门面即将招租时才启动，准备时间仓促，致使审计工作不够细化，许多工作均以口头汇报、交流、协商确定，书面记录不够完整；标底的确定有待改进，只确定标底的最低价，没有确定最高价，造成商家变相提高价格的风险；调查取证工作存在取证困难、取证手段受到局限的情况，审计调查中因无法取得有效证据而无法发表意见。

（2）高校经营性资产租赁的规范管理，仅由审计部门监督是不够的，应由校内管理经营性资产门面出租的职能部门参与规范管理及管理制度的建设，同时高校应考虑设置专门的资产经营性管理部门，明确部门及工作人员的工作职责，由专人负责经营性资产的日常管理，从招租前期开始，对招标过程及全过程进行管理，做好合同存档及变更、投诉受理等工作。

（3）审计部门应在门面公开招租工作中做好有力监督。在公开招租门面前，高校要及时通过校园网等媒体向社会发出公告，公布招标程序和工作流程及招标须知，让更多符合投标条件的单位和个人能充分知晓，提高竞争力。评标时，由资产管理、审计、财务等职能部门作为评标专家，审计、监察人员须加强招投标全过程的监督监控，做到信息公开、操作透明公正。评标后，当场公布中标结果，并在校园网上进行公示，确保统计工作及中标结果公开和公平。审计、监察部门通过监督，及时对发现的问题进行揭示与查处，促使校内各部门规范经营、科学管理、堵塞漏洞、提高效益。

二、案例二 农村中小学营养改善项目内部审计专项审计调查

关于农村中小学营养改善项目内部审计专项调查

（一）案例背景

2011年10月26日，国务院常务会议决定实施《农村义务教育学生营养改善计划》。中央每年拨款160多亿元，按照每生每天3元的标准为全国680个县（市）、约2 600万名农村义务教育阶段在校生提供营养膳食补助；如何使中央的善政落地，让千百万农村贫困儿童真正受益，如何建立一种有效的工作机制，花好和管好这笔钱，以及如何科学有效地改善农村儿童的营养状况，成为全社会共同关心的新问题。

为贯彻落实国务院精神，××县于2011年9月7日全面启动了中小学寄宿早餐计划，为每名中小学寄宿制学生（含农村学前班）每天发放一个熟鸡蛋，惠及201所学校的30 713名寄宿学生。2011年12月28日，该县全面实施农村义务教育学生营养改善计划试点工作，全县农村义务教育学生享受到含一个熟鸡蛋、一杯学生奶（价值2元）的营养早餐和一个荤菜（价值1.5元）的营养午餐，资金除国家为每生每天补助3元外，县财政为每生每天补助0.5元，并安排专项资金解决为学生提供营养餐产生的水、电、燃料、人员工资等费用。

（二）审计调查过程

本次审计调查的对象和范围是以县教育局为主体，各学校内部审计机构协助，调查实施营养改善项目计划的21个学校2011年9月至2012年7月31日营养改善项目情况。

1. 学校营养改善项目资金情况

审查结果是 21 所学校营养改善项目专项资金收支清楚，各项支出能够按照资金性质列支，专款专用，学校结余资金也按规定管理与使用。

2. 学校食堂情况

在所调查的 21 所学校中，15 所学校食堂属于承包经营（14 所学校不收取承包费，1 所学校每月收取食堂租金 8 万元）；4 所学校食堂属于学校直接管理（1 所学校食堂工勤人员为公益岗位，3 所学校的食堂工勤人员为学校临聘人员）；2 所学校的食堂承包给学校教师的家属（1 所由校报账员妻子承包，对学生的服务态度差，食堂卫生条件差，补助资金由报账员支付给其妻子，缺乏监管制约）。

3. 营养早餐、午餐及晚餐的满意度情况

审计调查学生 586 人，对营养早餐满意 402 人，占 69%，不满意 184 人，占 31%；对营养午餐满意 375 人，占 64%，不满意 211 人，占 36%；498 名学生在学校吃晚餐，对晚餐满意 365 人，占 73%，不满意 133 人，占 27%。

（三）审计查找出的问题

1. 学校食堂大多数仍然属于承包经营

××县营养改善项目实施学校 256 所，其中 25 所学校食堂由学校直接经营，后勤人员工资由财政与学校承担；168 所学校食堂属于承包经营，学校负责指导与监管，其中：162 所学校不收取食堂承包者任何费用，6 所学校收取食堂承包者一定的管理费或食堂租金；1 所学校由教师亲自做饭，62 所学校无条件自办食堂，实行家庭托餐。

2. 学校食堂硬件条件落后，实行零利润经营难度较大

根据省、市、县要求，所有学校食堂 2012 年必须退出承包经营模式，改由学校直接管理，实行零利润经营，审计调查认为学校食堂由学校直接管理，实行零利润经营难度较大，主要原因一是部分学校无食堂；二是学校食堂退出承包后，后勤服务人员编制不足，聘用人员的工资经费困难；三是部分学校与承包商签订 10 年以上的承包合同，学校食堂所有设备均由承包商投资，退出机制尚不明确。

3. 营养早餐品种单一，在一定程度上造成资金浪费

按照××县农村义务教育学生营养改善计划试点方案，营养早餐由学校每天早上发给每名学生一个熟鸡蛋和一杯学生奶，但学生天天早上吃熟鸡蛋，有部分学生已经出现不想吃的情况，在一定程度上造成资金浪费。

4. 特殊群体学生营养改善问题

在营养改善项目计划实施过程中，有的学生因身体过敏等状况，不能吃鸡蛋或纯牛奶；有的学生因民族习俗，不能吃猪肉，这部分特殊群体学生的营养改善问题如何解决，尚待有关部门制订具体的实施方案，以促进营养改善项目的公平。

5. 学校、教师的负担加重

农村小学校点，学校无食堂，教师每天既要为学生煮鸡蛋，又要为学生准备营养午餐，还要给学生上课，导致教师的负担加重、精力分散，对其教学质量产生一定的影响。

（四）审计建议

1. 补足农村教师，解决食堂工作人员编制

农村教师编制短缺问题在实施营养早餐计划中再次凸显：一方面，学校教师不足；另一方面，学校工勤人员编制不足，仅靠教师、家长的义务服务是难以持久的。××县按照每 50 名学生配一名工勤人员的要求，应配备 824 名工勤人员，缺编 700 人左右，需要从制度上解决学校食堂没有工作人员编制和开支等问题。

2. 科学调研农村学生体质，设计均衡营养搭配的标准化配餐

建议在制订营养改善计划时，要实地调研、科学检测、合理搭配。通过科学的检测，因地制宜地确定营养物品、营养食谱和供餐模式，对食物过敏的学生设计价格等同、营养相当且安全的替代食品。

3. 积极争取民间组织，加大学校食堂硬件投入

目前，我国很多民间组织参与营养改善项目，他们主要为实施学校提供免费的厨房设备，如由中国机关工委和安利公益基金共同主办的"春苗营养厨房"项目，由九阳股份有限公司和中国青少年发展基金会共同设立的九阳希望基金，专项用于援建"九阳希望厨房"项目，等等。

4. 健全评价机制，落实监督责任

将农村学生营养改善纳入政府的评价、考核和问责机制，明确责任主体和目标。同时，将学生营养改善工作纳入学校工作考核和义务教育均衡发展督导评估的范围，进行督导、考核和检查。

5. 发现违规违纪问题，及时报告审计机关

按照《审计机关专项审计调查准则》第十七条规定，如果发现被调查单位有重大的违反国家财经法规行为，应当及时报告审计机关。审计机关认为有必要进行审计和处理、处罚的，应当按照法定的审计职权和程序进行。如本案例的那个由校报账员妻子承包食堂的学校，其补助资金由报账员直接支付给妻子，该报账员或者分管领导很可能存在违规违纪行为。对此问题，审计组应及时报告审计机关，对此问题进行重新布置和深入审计，发现问题，及时处理。

参 考 文 献

[1] 中华人民共和国内部审计条例, 2015.

[2] 中国内部审计协会. 中国内部审计准则, 2013.

[3] 审计署关于内部审计工作的规定（2018年审计署第11号令）, 2018.

[4] 审计署. 审计机关专项审计调查准则. [EB/OL]. 2001. http：//www.audit.gov.cn.

[5] 王会金, 贾云洁. 绩效审计理论与实务 [M]. 北京: 中国财政经济出版社, 2020.

[6] 刘三昌. 政府审计 [M]. 大连: 东北财经大学出版社, 2020.

[7] 王砚书, 董丽英等. 审计案例. [M]. 大连: 东北财经大学出版社, 2019.

[8] 张永国. 财务审计 [M]. 大连: 东北财经大学出版社, 2018.

[9] 郑石桥. 绩效审计方法 [M]. 大连: 东北财经大学出版社, 2017.

[10] 张庆龙, 沈征. 政府审计学 [M]. 北京: 中国人民大学出版社, 2015.

[11] 郑石桥. 绩效审计 [M]. 北京: 中国人民大学出版社, 2018.

[12] 李越冬. 内部审计理论与实务 [M]. 北京: 清华大学出版社, 2017.

[13] 王宝庆, 张庆龙. 内部审计. 大连: 东北财经大学出版

［14］黄汉江．投资大辞典［M］．上海：上海社会科学院出版社，1990．

［15］彭毅林．审计学理论、案例与实务［M］．北京：人民邮电出版社，2018．

［16］贺志东．中国内部审计操作实务［M］．北京：电子工业出版社，2014．

［17］郑石桥．审计理论研究基础理论视角．中国人民大学出版社．2016.5出版

［18］中国内部审计协会编．内部审计理论与实务［M］．北京：中国石化出版社．2004．

［19］鲍国明．内部经济责任审计［M］．北京：中国时代经济出版社，2012．

［20］杨明亮．建设工程全过程审计案例（修订版）［M］．北京：中国时代经济出版社，2016．

［21］企业内部审计编审委员会．企业内部审计实务详解［M］．北京：人民邮电出版社，2019．

［22］吴龚．医疗卫生机构内部审计精细化管理［M］．北京：企业管理出版社．2016．

［23］刘国永，李文思，王萌．全面实施预算绩效管理专业基础［M］．镇江：江苏大学出版社，2019．

［24］刘国永，李文思，王萌．全面实施预算绩效管理实践指导［M］．镇江：江苏大学出版社，2019．

［25］谢涤宇．利益相关者共同治理与企业内部审计的演进［D］．湘潭大学，2007．

［26］齐兴利，剧杰，袁新．从内部审计的历史演变透视现代内部审计发展态势［J］．广东审计，2003（01）：31-34．

［27］张甜．济南市基层专项审计调查问题研究［D］．山东大

学,2016.

[28] 吴俊. W区残疾人就业政策专项审计调查研究 [D]. 西南政法大学,2019.

[29] 涂茂圣. 农村中小学营养改善项目审计调查报告 [J]. 时代金融,2014(2):276-283.

[30] 谭银花. 规范管理,创新思路,获得更大收益——某高校门店招租审计调查案例 [J]. 经济师,2018(6):112-113.

[31] 高顿网校. 总体审计策略好而具体审计计划. 注册会计师微课

[32] 帮考网. 总体审计策略. 孙超凡视频课程.